书山有路勤为径,优质资源伴你行
注册世纪波学院会员,享精品图书增值服务

U0521436

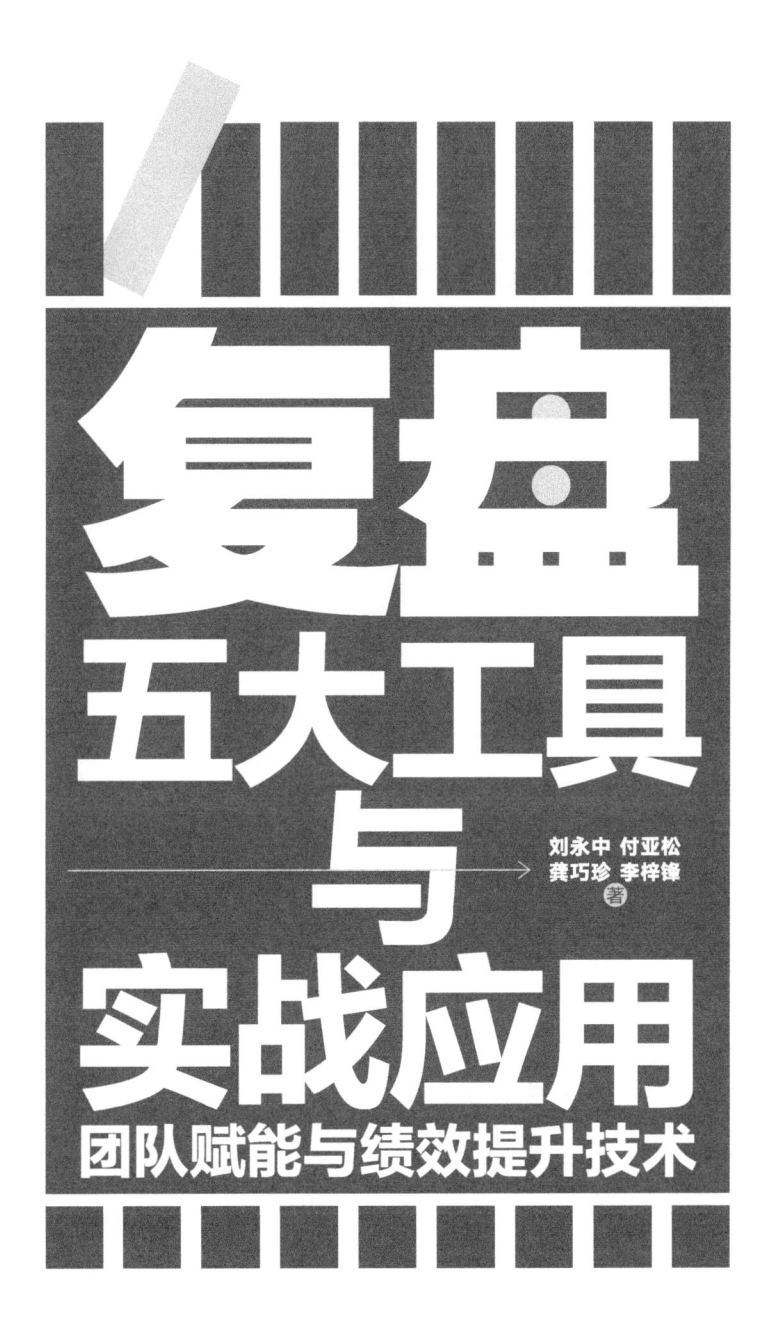

复盘
五大工具与实战应用
团队赋能与绩效提升技术

刘永中 付亚松
龚巧珍 李梓锋 著

未经许可，不得以任何方式复制或抄袭本书之部分或全部内容。
版权所有，侵权必究。

图书在版编目（CIP）数据

复盘五大工具与实战应用：团队赋能与绩效提升技术 / 刘永中等著. —北京：电子工业出版社，2023.10
ISBN 978-7-121-46506-2

Ⅰ.①复… Ⅱ.①刘… Ⅲ.①企业管理 Ⅳ.①F272

中国国家版本馆CIP数据核字（2023）第194517号

责任编辑：杨洪军　　　特约编辑：王璐
印　　刷：北京捷迅佳彩印刷有限公司
装　　订：北京捷迅佳彩印刷有限公司
出版发行：电子工业出版社
　　　　　北京市海淀区万寿路173信箱　邮编100036
开　　本：720×1000　1/16　印张：15.25　字数：244千字
版　　次：2023年10月第1版
印　　次：2025年5月第9次印刷
定　　价：69.00元

凡所购买电子工业出版社图书有缺损问题，请向购买书店调换。若书店售缺，请与本社发行部联系，联系及邮购电话：（010）88254888，88258888。
质量投诉请发邮件至zlts@phei.com.cn，盗版侵权举报请发邮件至dbqq@phei.com.cn。
本书咨询联系方式：（010）88254199，sjb@phei.com.cn。

序

复盘是一种功夫

我的老家在中国革命的摇篮——江西井冈山。我小时候经常去离家不到500米的毛泽东同志旧居玩耍，心想：这个人怎么这么厉害？他用什么方法带领一群仁人志士开创了伟业？

我19岁考上大学，离开老家来到了改革开放的前沿地——广州。1999年，在南方一片创业的氛围中，我这一介书生听从内心的召唤，与朋友一起无知无畏地创办了众行公司。自2009年以来，众行公司专注于行动学习业务，复盘是其中的核心技术。我在研究复盘的过程中偶然读到毛泽东同志1962年的一次谈话，他说："我是靠总结经验吃饭的。"当时我就有一种被雷击中的感觉，总结经验不就是复盘吗？可为什么我们从小就会写总结报告，却没能做到"吃一堑长一智"，反而常常是"好了伤疤忘了疼"呢？

例如，有人是这么写年度总结报告的。

（1）存在的问题：好喝酒。

（2）分析原因：酒好喝。

（3）总结经验：喝酒好。

（4）下一步整改措施：酒喝好。

（5）努力方向：喝好酒。

这个总结报告虽然带有开玩笑的口吻和调侃的意味，但实际生活和工作中的很多总结其实本质上跟这差不多，都浮于表面、避实就虚，不触及根本，没有真正的反思。

《刻意练习：如何从新手到大师》是一本经管类超级畅销书，这本书给了我很多启示。作者认为"1万小时定律"是错的，对很多人来说，所谓的1万小时很可能就是傻傻地重复作业。低水平的重复并不能让你成为某一领域的专家，只有具备"有效的方法""走出舒适区的反复练习""及时的教练反馈"这3个要素的"实践—反馈—总结—再实践"循环才是高效的，才能让实践者通过1万小时左右的练习成为某一领域的真正专家。

明白了，人们平时的总结常常是浮于表面的流水账式的报告。而复盘是什么？要具备"有效的方法""走出舒适区的反复练习""及时的教练反馈"这3个要素，这样的总结才是真正的复盘。

什么是有效的方法？有效的方法体现在形式上是结构化的。例如，复盘教练经常使用的"上堆、下切、寻因、问果"四维提问法（见图0-1）就是一种基本的提问触发反思的结构，好的结构可以直指问题的核心，打破人们思维的惯性和局限。

图0-1 四维提问法

阿里巴巴创始人马云曾经在员工集体婚礼上这样致辞："阿里巴巴员工

谈恋爱时吵架是要复盘的，还要灵魂四问，要问为什么吵、吵什么、吵能解决问题吗、怎么能不吵。只有经常复盘，才能晋升，家里的婚姻也是要经常复盘的。"

这又是一个半开玩笑的说辞，也许高人讲话都是这样，用玩笑话说出重要的道理。婚姻复盘的灵魂四问就是一种结构化的工具，"为什么吵"是上堆，用于探寻事件或行为背后的深层次意义；"吵什么"是下切，用于探寻概念之下的具体行为及事例；"吵能解决问题吗"是寻因，用于探寻事件背后的深层原因；"怎么能不吵"是问果，用于探寻期望取得的成果。

可见，高手说话做事都是有章法、有结构的，甚至是有套路的。这里把"套路"看成一个中性词，所谓套路就是结构化的方法。本书的5个复盘方法就是5种结构化反思工具。

现在你知道了，复盘就是结构化的反思，结构化是有方法、有流程的，而反思的关键是要走出舒适区。

但从人性的角度分析，大部分人是不愿意走出舒适区的，所以教练的引导和反馈至关重要。

中国国家乒乓球队主教练刘国梁在获得CCTV年度最佳教练奖时曾经说了这么一段获奖感言："能够获这个奖，我最应该感谢两种人，一种是平时折磨我的人，还有一种是平时被我折磨的人。"

好的教练都是有方法、有套路的，能让被教练者在"酸爽"中成长，先有"酸痛"，再有"爽和成长"。中国国家乒乓球队教练的复盘绝招就是"批评与自我批评"。刘国梁在每场比赛之后都会在第一时间安排复盘总结会，主动揭伤疤，相互说短板，和队员们共同成长、共同进步。

华为创始人任正非更是将"批评与自我批评"视为维护和捍卫华为核心价值观的护法宝器。

"批评与自我批评"就是反思。那么，如何进行"批评与自我批评"，让大家愿意走出舒适区进行真正的复盘？本书特别介绍了一种流程化的"批评与自我批评"方法：鱼缸会议（见图0-2）。

图0-2　鱼缸会议

前面强调，复盘要有结构化的工具，才能打破人们的思维局限和惯性。结构化的工具体现在操作上就是有相对标准化的流程。

鱼缸会议的流程大致是这样的：复盘教练先暖场，营造开放的场域氛围，然后说明规则并举例、示范。

被反馈者像被观赏的鱼一样坐在中间，反馈者像镜子一样以半圆形包围着被反馈者，逐一给予两方面的反馈意见，一是积极性反馈（BIA），包含具体行为（Behaviour）、正面影响（Impact）、欣赏（Appreciation）三方面的信息；二是发展性反馈（BID），包含具体行为（Behaviour）、负面影响（Impact）、期待的结果（Desired Behaviour）三方面的信息。

被反馈者不能马上辩解，也不用自己记录（以免转移注意力，教练会安排记录），必须用心去倾听，尽量与每位反馈者有眼神交流，在每位反馈者说完后都真诚地回应"谢谢"。

待全部人员反馈完之后，被反馈者站到记录板前整理记录并做一些标注，然后统一回应大家刚才的反馈。要求：尽量不要辩解，回应事实、感受和承诺。

下一位被反馈者上场，重复以上流程。

这个流程看起来很简单，但如果学会了这个流程，你就会发现这个结构化工具的底层逻辑：流程营造氛围，规则规避演戏，事实先于评价，成长大于问题。标准化的流程和第三方的教练引导，避免了将"批评与自我批评"会议开成甩锅会或茶话会。

任正非曾经说："我们在学习现代管理的过程中，要防止好于幻想、忽视实操的习惯，否则不可能真正学习到管理的真谛。"

这句话可谓一针见血，点到了经验式管理的弊端：理念很高深，操作靠悟性，不屑于提炼和使用结构化、流程化的套路，甚至搬出孔夫子的"君子不器"为自己的无结构、无流程、自由发挥的管理模式辩护。

经验与悟性极其重要，结构化的方法与流程也不可或缺，两者的有机结合才是真正的管理之道。

总结一下，复盘是什么？具备"有效的方法""走出舒适区的反复练习""及时的教练反馈"这3个要素的结构化总结才是真正的复盘。

本书的5个复盘工具就是5种结构化的反思工具，"项目复盘画布"是针对事的复盘，"鱼缸会议"是针对人的复盘，"U型画布"是针对心智（底层思维）模式的复盘，"未来探索"是针对企业文化的复盘，"4F团队协作复盘画布"是针对团队协作问题的复盘。它们各有各的针对性，各有各的套路，管理者掌握了这样的方法和套路，就能成为组织中的复盘教练。

写到这里，我这个"书宜杂读，业宜精钻"理念的信奉者脑海中出现了《思考中医》作者刘力红的一段话："什么是功夫？正确的方法加上时间就是功夫。"说起功夫，中国人脑海里浮现的关键词应该还有"师傅"。可以将"正确的方法""时间""师傅"归纳为功夫三要素，这跟《刻意练习：

如何从新手到大师》的复盘三要素"有效的方法""走出舒适区的反复练习""及时的教练反馈"有异曲同工之妙。

　　大道相通，大道若简，期待本书能帮助中国的管理者成为优秀的复盘教练，练就一身管理的好功夫、真功夫。

　　本书在出版过程中得到了电子工业出版社晋晶老师等人的深度反馈与指导；悉心琢磨，终得呈现。愿本书成为组织管理与个人成长领域的一扇窗口，引发交流，带大家看到不一样的风景。

刘永中

目录

第1章　学会五大复盘工具，成为复盘教练　/ 001

1.1　复盘是什么？有什么价值　/ 002

1.2　五大复盘工具概述　/ 012

第2章　项目复盘：项目复盘画布　/ 025

2.1　回顾目标：深挖目标，唤醒动力　/ 026

2.2　评估策略：琢磨打法，形成套路　/ 038

2.3　反思过程：快速复制，制胜之道　/ 049

2.4　总结规律：洞察本质，知行合一　/ 059

2.5　复盘演示：用项目复盘画布复盘国乒奥运军团　/ 076

第3章　行为反馈复盘：鱼缸会议　/ 093

3.1　为什么要对人复盘　/ 094

3.2　让"照镜子"为个人成长加速　/ 101

3.3　复盘演示：用鱼缸会议触发长期改善　/ 109

第4章　心智反思复盘：U型画布　/ 122

4.1　U型画布的框架解读　/ 123

4.2　用U型画布辅助难题决策　/ 128

4.3　复盘演示：小鹏汽车的品牌名，到底要不要改　/ 142

第5章　企业文化复盘：未来探索　/ 157

5.1　全局视角：企业文化是战略级管理工具　/ 158

5.2　未来探索工具的流程要点　/ 170

5.3　复盘演示：用未来探索工具零成本复制华为企业文化　/ 185

第6章　团队协作复盘：4F团队协作复盘画布　/ 200

6.1　化解团队协作的难题，需要上升到系统思维　/ 201

6.2　团队协作的实战工具与应用拆解　/ 206

后记　人人都是复盘教练　/ 225

参考文献　/ 232

第 1 章

学会五大复盘工具，成为复盘教练

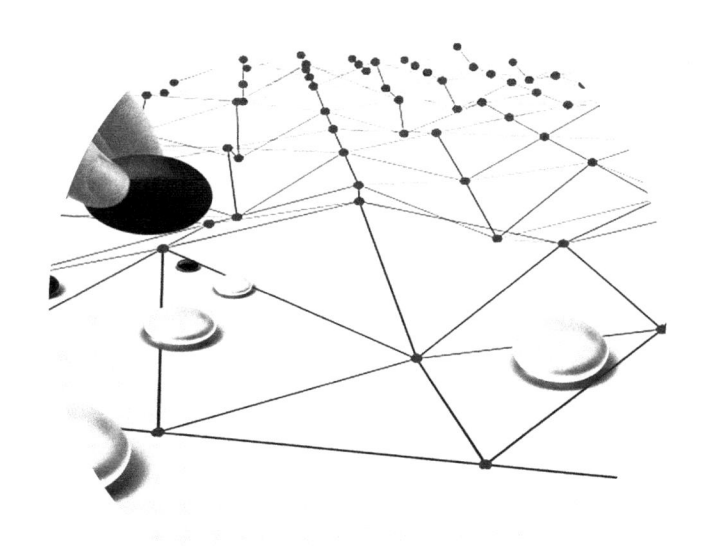

1.1 复盘是什么？有什么价值

成功的企业和个人都有持续反思和复盘的能力。

子曰："吾日三省吾身。"这是反思，也是复盘。

任正非说："华为公司的每个人都要学会复盘-建模、再复盘-建模，用这个模型去做第二件事，反复复盘，模型变大、变系统，减少不必要的能耗，就提升了竞争力。""一个不善于总结的公司会有什么前途？个人也不是如此吗？"

不懂复盘，所谓勤奋，只是在掩盖思维的懒惰；所谓努力，只是低水平的重复。

学会复盘，帮助组织快速突破绩效瓶颈，为团队点燃激情与梦想，可能是职场和商业领域最聚焦、最有价值的底层能力。

什么是复盘？复盘有哪些工具一学就会、一用就灵？这些工具在面对工作与生活中的诸多难题时，效果怎样？有哪些操作要点？

我们的团队在多年的专业研究和商业实践中，把复盘从单一的工具发展成适合现代企业的管理品类，其中有五大工具久经实践检验，成效卓著。我们力求用直白的文字和有趣的案例、故事将它们一一呈现，期待大家可以了解复盘、爱上复盘，看故事"吃瓜"的同时还能长智慧，进而去探究、应用，成为复盘教练。

1.1.1 复盘的起源

"复盘"这一术语源于围棋。对弈双方下完一盘棋之后，会重新在棋盘上将刚才的对弈过程走一遍,看看哪些子下得好,哪些子下得不好,哪些地方可以有不同甚至更好的下法,这个重新走一遍并且思考的过程,就称为"复盘"(见图1-1)。

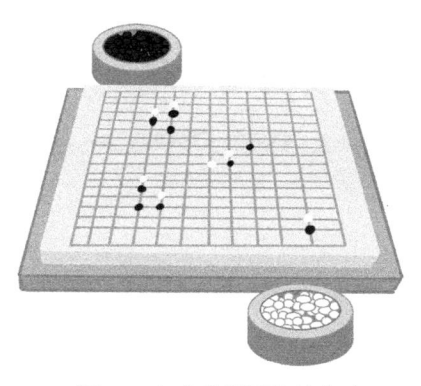

图1-1 复盘是棋手的基本功

中国人发明了围棋,并一路保持领先水平。但在20世纪80年代,出现过一段小插曲,日本棋手曾一度超越了中国棋手,究其背后原因,很重要的一点是日本棋手重视复盘训练,使棋力获得显著提升。后来经过改进训练方式和持续努力,中国棋手夺回了在围棋界的优势地位。

围棋中的复盘,其实是"反人性"的。比赛结束后,冠亚军已经决出,冠军很想去领奖,亚军很想找个地方去疗伤,但是不行,双方一定要坐下来,把刚才的棋局复盘一遍,总结得失,分析自己后续应该如何改进。这是不是不符合人性?但是通过复盘,棋手可以趁着最新鲜的记忆,打破自己的惯性思维,找到更好的下法,总结新的套路,这对棋力的提升至关重要。每天复盘,对专业棋手来说就像吃饭喝水一样不可或缺。

1.1.2 复盘的价值:职场成功的4个层次

组织与个人的成功都离不开复盘,个人在职场发展中,格局不同,能力不同,工具不同,成长的速度就不一样。

实践中有形形色色的职场成功模式,如果用格局和工作方法来区分,可以将它们划分为4个层次（见图1-2）。

- 靠组织 → 打造组织持续成功的基因
- 靠团队 → 复制成功学标杆
- 靠智商和情商 → 选择比努力更重要
- 靠努力干出绩效 → 吃一堑长一智 vs 好了伤疤忘了疼

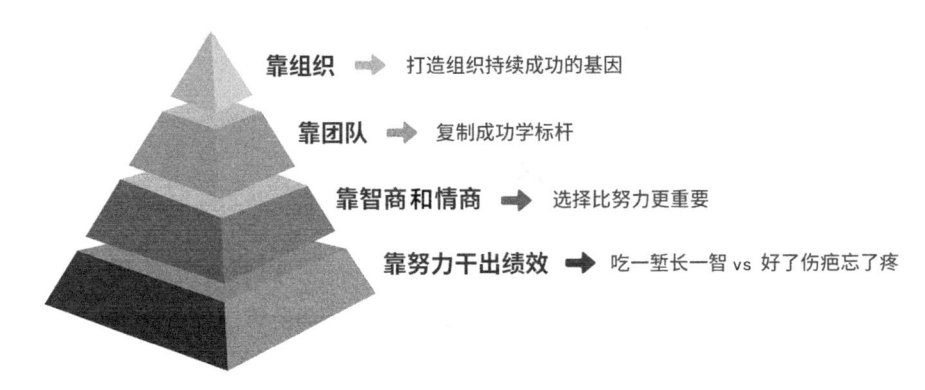

图1-2 职场成功金字塔：职场成功的4个层次

第1层：靠努力干出绩效

在这一层，个人成长的方式，是在实践中"吃一堑，长一智"。大部分人都在这一层。

多数情况下，人们是"吃一堑长一智"，还是"好了伤疤忘了疼"？很遗憾，答案往往是后者。怎么改进呢？我们有一个很经典的复盘工具，叫作"项目复盘画布"，本书后续会详细介绍。它能够帮助人们从过去的经历中充分汲取营养，不辜负曾经的汗水和付出，并获得超出常人的成长速度。

第2层：靠智商和情商

在这一层，选择比努力更重要，靠智商和情商取得成绩。苦干不如巧干，来到这一层，比第1层有更大的成功概率。

智商和情商需要在实践中不断积累，关键是提升自我认知。在职场人士的诸多能力中，自我认知可以说是核心能力。如何改善自我认知？在我们拓展的复盘工具中有一个叫作"鱼缸会议"，它可以让人们在行为层面"照镜子"，帮助自己照亮盲区，多角度观察自己。

靠智商和情商取得成功，还有一个重要的表现，那就是在关键时刻能够做出高质量的选择。要想做出准确的判断和选择并不容易，常常会受到主观因素的干扰，如果有合理的工具、方法、流程做辅助，就可以事半功倍。在复盘的五大工具中，有一个工具叫作"U型画布"，它能够帮助人们在面临两难场景、重大抉择的时候，厘清心中的期待和恐惧，从而突破障碍，获得顿悟。

第3层：靠团队

在这一层，人们靠团队取得成功。团队的独特优势是多元化人才、多样化实践，人们可以从中获取丰富的信息和标杆案例，互相借鉴，快速复制成功。优秀的团队不是个体的相加，而是"1+1>2"。

怎样更好地复制成功？要发挥集群优势，同样有方法、有套路，"项目复盘画布"可以帮助组织和个人更好地相互助力。

怎样充分发挥团队价值，解决团队协作中出现的种种问题？团队中的协作问题，表面上看是因为行为不对、环境不好、能力不够，深层原因是长远目标、自我定位、价值观存在分歧。要正身，先正心，先要统一信念，上下同欲，才能够流畅地合作，众志成城。要达到这个目标，可以使用"4F团队协作复盘画布"这一复盘工具。

第4层：靠组织

在这一层，人们靠组织取得成功。组织是更大规模的团队，人们因成就组织而成就自我，借组织之势，时势造英雄，这是更高层面的成功方式。

要帮助组织获得成功，很重要的一个命题是建设组织文化，打造组织之魂，为组织注入精气神，使得优秀基因可以代代相传，让组织基业长青。

建设组织文化是一个大命题，搞不好就会脱离实际，流于形式。怎样才能让组织文化真正体现组织个性魅力，提炼组织成功密码，帮助组织业务提升，落实员工行为改善？在我们的复盘工具中，"未来探索"这个工具可以帮助你，它让文化建设由虚向实，让人们看到精神的力量。

成功有不同的层次，成功需要套路，结构化的工具和方法可以让你事半功倍。在成功的每个层面，你都可以借助相应的复盘工具打开思路，创造全新的局面，这真是一件特别幸福的事情。

复盘工具的使用和复盘心法的修炼不是一蹴而就的，复盘的过程有不同的境界（见图1-3）。

图1-3　复盘的三重境界

第1重：吃一堑长一智

自己"交学费"，或者是栽跟头，或者是有收获，从自己的经历中汲取营养，老老实实，吃一堑，长一智。这是不错的表现，因为大部分人都是"好了伤疤忘了疼"，如果能做到吃一堑长一智，你就已经超越了大部分人。

第2重：复制标杆

会给自己复盘是求真务实，会给别人复盘是善于借力，复制标杆，事半功倍。别人摸爬滚打，"交了学费"，你有工具，能很好地分析和学习，将别人的经验为己所用，就可以获得多线程、多倍速的成长力。在本书中，你可以看到对自己复盘、对他人复盘、对热点事件复盘；复盘国乒奥运军团、复盘中国足球、复盘华为阿里、复盘小鹏汽车、复盘婆媳关系、复盘新冠疫情……人生百态，都可复盘，世事洞明，皆是学问。你可以从他人的经历中获得智慧，为自己的成长加速。

第3重：斜杠人生

别人因为你有复盘的本事，有结构化的工具和方法，直接把学费交给你，让你教他们复盘，你成为复盘教练。或者你不用换职业，公司因为你懂得复盘这种专项技术，经常需要你牵头解决各种绩效问题、团队赋能问题，

"复盘教练"成为你另一个身份标签和核心竞争力，从此开启斜杠人生，拥有更多的选择和机会。

以上讲了复盘的三重境界。我们在复盘品类中探索、开发出一系列结构化的工具，这些工具是最佳实践的总结。只要勇于实践、深入应用、广泛联系工作和生活中的各种场景，你就能修炼到更高层次，一方面为自己的人生提供更多选择，另一方面帮助你的团队、组织更快地走向成功。

本书是一本工具书、实战书，也是一本普及书。复盘对人们如此重要，它根植于传统文化，并将在现代企业管理中大放异彩，与人们的工作和生活密不可分。我们期待所有人都认识复盘、应用复盘，从中获得洞见，得到实实在在的收益。从这个角度出发，我们不会对复盘做大量的理论剖析和枯燥的学术研讨，也不会直接跳到操作层面，仅探讨具体的细节，而是结合多年企业辅导、亲身实践、社会热点，介绍复盘的工具和实战应用。本书中的故事好玩，工具简单，快速见效，让这个看起来"高大上"的管理工具融入人们的生活，实现我们"人人都会复盘，万事皆可复盘"的初衷。

1.1.3 复盘的本质，是一种刻意练习

复盘本质上是一种"刻意练习"。

成功的核心是成长。安德斯·艾利克森在《刻意练习：如何从新手到大师》一书中说，从新手快速成长为大师，有3个基本原则。

第一，要有套路。任何成功的关键，尤其是高手和新手之间的核心区别，就是有套路。

第二，走出舒适区，反复练习。有了套路之后，还要不断走出舒适区，反复练习，把套路变成肌肉记忆。

第三，教练及时反馈。在反复练习的过程中，需要教练及时给予指导和反馈。

人人都想成功，都想找到从新手到高手最直接、最快速、最本质的路径，不想走弯路、浪费时间。对于这3个基本原则，怎么理解？

举个例子（见图1-4）。在小区乒乓球场，有很多"功力深厚"的老人，球龄可能早就超过1万小时了，甚至超过很多职业选手，但是他们跟职业选手的水平还差得很远。

图1-4　从新手到大师，关键在于刻意练习

差别在哪里？第一，套路不一样。在小区里打乒乓球是很舒服的，虽然战况可能也很激烈，但是其挑战程度、技术难度、战术设计与专业竞技队伍完全没法比。有套路和没套路，就是正规军和散兵游勇的区别。

第二，是否能够走出舒适区，结果差异巨大。很多人听说过"1万小时定律"，即不管做什么事，只要坚持1万小时就能成为专家。其实不是这样。做练习需要走出舒适区，才能突破自我，不断进步。如果没有走出舒适区，你的1万小时，只是在固有的水平上不断重复，只是把1小时的经验重复了1万遍，徒劳无功。为什么有些人看起来很勤奋、很辛苦，练习了很长时间，却没有多大进步？一个很普遍的原因就是，他们始终没有走出舒适区，只是用忙碌麻醉自己，用勤奋感动自己。但可惜，不敢挑战自我的努力都是假努力，并不能带来成长。

第三，要成为高手，还需要教练的及时反馈。一个人闭门造车，苦练功夫，肯定有盲区，教练不仅可以照亮盲区，还知道不同训练方法的利弊，作用太大了。

3个要点，揭示了从新手到大师的一般规律。复盘的五大工具都遵循了这些要点，它们都有套路，都强调教练在练习过程中的及时反馈，也要求参与者走出舒适区，反复练习。

刻意练习要实践落地，工具不能太复杂，最好能以点带面，牵一发动全身。"复盘"完美地符合这个要求。

从本质上看，复盘就是刻意练习。这种刻意练习，能够对个人和组织的实力提升发挥巨大作用。

讲到管理工具的创新突破和应用，做得最好的可能是军事组织，这一点，管理界都有共识。彼得·德鲁克与杰克·韦尔奇都说过，最好的领导力培养模式来自军队，美国政企界的大量人才都出自各个军校。

军队在作战实践中总结、反思，在工具上必须领先，做到极致。如果做得不好，付出的代价就是生命。军队把复盘当作常态化的管理工具，有不少经典案例。

1968年越南战争期间，A国在进行作战复盘时，发现了一组令其感到恐慌的数据：隶属于海军的航空兵每击落2架越南战机，自己就要损失1架，也就是A国与越南的空战交换比是1∶2。但A国当时的对空作战技术实力、装备都是领先的，正常情况下，空战交换比应该达到1∶5左右，也就是己方每损失1架战机，越方被击落5架。

1969年，A国海军陆战队停止空战，对海军飞行员进行了为期一年的"王牌飞行员训练计划"，基于此前战例做针对性练习。有设计的套路、走出舒适区的反复练习、及时的反馈，这些都是刻意练习，也是在持续地复盘。一年之后，A国海军陆战队战绩提升显著，经过训练的海军飞行员空战交换比达到1∶12.5，而隶属于空军的飞行员没有经过持续复盘，空战交换比还是1∶2，基本无变化。

在发现了这种巨大的差异后，A国迅速把复盘模式在各军种中推广，并广泛应用到其他领域。在1990年的海湾战争中，已经把复盘作为常态化动作的A国空军、海军飞行部队，空战交换比达到1∶33（见表1-1）。

表1-1　复盘在A国历次作战中的影响

交战双方	空战交换比（飞机）	
	空军飞行员	海军飞行员
A国 vs 对手（第二次世界大战及朝鲜战争）	1∶10～1∶5	
A国 vs 越南（1968年）	1∶2	1∶1
1969年，A国停止空战一年，对海军飞行员启动"王牌飞行员训练计划"		
A国 vs 越南（1970年）	1∶2	1∶12.5（训练后）
A国 vs 伊拉克（1990年海湾战争）	1∶33（训练后）	

由此可见，有意识的复盘，对组织战斗力影响极大，效果立竿见影，应该成为一种常态化的组织建设工具。

在智慧的人民军队中，复盘更是一种优良传统。

人民军队在总结经验与复盘方面有高超的智慧，如广为人知的游击作战十六字方针"敌进我退，敌驻我扰，敌疲我打，敌退我追"，作为重要的军事指导思想，在革命战争中发挥了重要作用。

毛泽东曾说："我是靠总结经验吃饭的。以前我们人民解放军打仗，在每个战役后，总来一次总结经验，发扬优点，克服缺点，然后轻装上阵，乘胜前进，从胜利走向胜利，终于建立了中华人民共和国。"

解放战争期间，人民军队对战后复盘逐渐形成章法，特点越发鲜明，具体如下。

特点1：简化到极致的战术提炼。解放战争期间，人民军队形成了很多朴实经典、易于使用的作战术语，如三三制（见图1-5）、四组一队、一点两面、三猛、三种情况三种打法、四快一慢……很多战术在现代陆军条例中还是教科书级别的。

特点2："催命式"及时总结。一些作战部队在战斗结束后6小时内上交初步战斗总结，24小时内形成详细的经验总结，非常及时。

特点3："婆婆嘴式"宣贯。一些作战主官平时话少，但贯彻所总结的经验时不怕烦琐，变成了"婆婆嘴"，大会讲，小会讲，天天讲，不厌其烦，让每个士兵都能理解和讲出来。

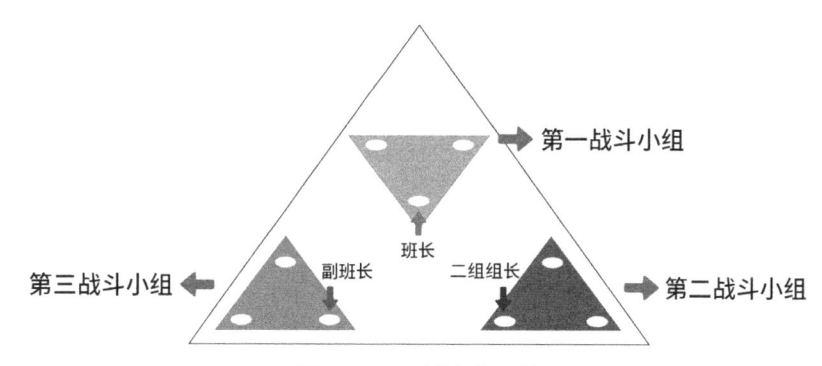

图1-5　三三制战术示例

及时总结非常重要。有一个很经典的案例：在辽沈战役中，每场小的遭遇战结束后，我军指挥员都会听报告，也会在关键点上问一些问题。其中一次遭遇战结束后，作战主官听报告时发现了一些不同寻常的问题，于是问道："这场仗为什么缴获的短枪与长枪所占比例比其他战役略高？为什么被击毁的小车与卡车所占比例比其他战役略高？为什么被击毙的军官与士兵所占比例比其他战役略多？"这种教练式的反馈和提问警醒了大家：这里可能有敌方的一个高级指挥部。而后我军迅速追击，把国民党第九兵团总司令廖耀湘给俘虏了。

对照革命历史与我们讲到的"刻意练习"训练方法，可以发现，战后复盘的思路与刻意练习的思路是高度一致的：简化到极致的战术提炼，相当于"套路"；"催命式"及时总结，是走出舒适区，战士们刚刚打完仗，极度疲劳，可能还有伤亡，非常辛苦，但是重要的方法一刻都不能丢；"婆婆嘴式"宣贯，是及时反馈，辅导再辅导，形成条件反射。

复盘的本质是一种刻意练习，对个人职场成功、组织效能提升都有巨大的帮助，值得人们深入了解和尝试。

1.2 五大复盘工具概述

我们在本节对五大复盘工具进行概述,包括它们是什么,有哪些主要价值,让大家有一个整体认识。后续各章将进一步分享相关的技术解读、案例,以及在实战中的应用心得。

1.2.1 项目复盘画布

每逢要事必复盘,项目复盘画布是一个常用和经典的工具。"职场成功金字塔"(见图1-2)中的"靠努力干出绩效"和"靠团队"都离不开项目复盘和反思。

项目复盘画布主要用于重要事项复盘,包括工作中的项目、重点任务、月度工作、半年度总结、年度总结,以及生活中的重要事件等。

不过很多人都有一个疑问:我也经常做总结啊,项目复盘和总结有什么区别?这时复盘教练常会问一个问题:你的总结到底是流水账式的还是结构化的?

事实上,绝大多数人的总结都没有结构化的思维和工具作支撑,往往变成泛泛的流水账,这种总结聊胜于无,甚至可有可无。

只有结构化思维和工具支撑的复盘才能够打破原来的思维框架,带给个人及团队反思和启发,进而改变个人及团队的行为,提升组织能力。

项目复盘画布(见图1-6)分成4个模块:回顾目标、评估策略、反思过程和总结规律,每个模块都有各自结构化的内容和设计,在第2章会展开介绍。

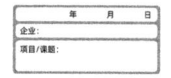

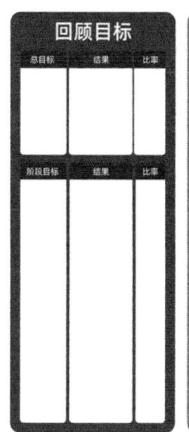

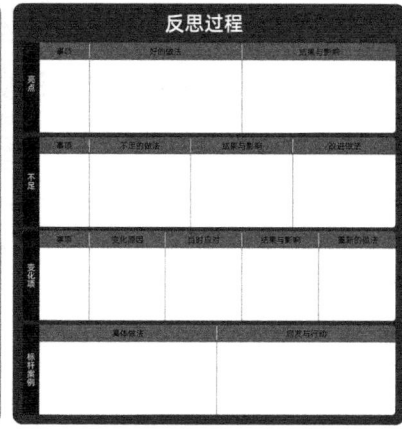

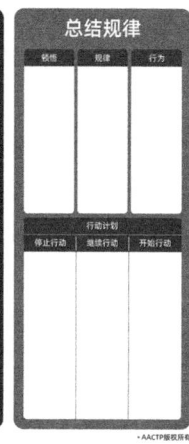

图1-6 项目复盘画布

1.2.2 鱼缸会议

鱼缸会议是什么？简单地讲，鱼缸会议就是流程化的批评与自我批评。鱼缸会议主要用于行为反馈复盘，以提升人们的自我认知。

为什么要做鱼缸会议？回答这个问题之前，你可以先思考一个问题：我的自我认知是永远"感觉良好"，还是持续的自我挑战和突破？

美国管理学家吉姆·柯林斯在《从优秀到卓越》一书中说："因为优秀，所以难以卓越。"很多职业经理人的职位越来越高，到了一定高度就再也晋升不上去了，职业生涯遭遇了瓶颈。为什么？因为他们很优秀，习惯了过去的一套行为模式，不能自我察觉，自我突破，过去无往不利的模式成为一种固化思维，牢牢地捆住了他们。"卓越"的敌人是"优秀"。

怎么突破呢？如图1-7所示，突破的前提是照镜子，只有发现哪里很脏，才会想到要清理。只有看到自己原来的思维模式、行为模式有哪些方面是要提升的，甚至是丑陋的，才有改进的起点。怎样才能看到丑陋的地方呢？这就需要别人给予反馈。

图1-7　"照镜子"是行为改进的前提

可是要让人们敢于互相反馈，直言不讳，很有难度。每个人对反馈评价都是敏感的，有的人在反馈意见时会避开要害，搞搞形式，走走过场；有的人则急于批评指责，这样不仅于解决问题无益，还会让团队氛围遭到破坏。那应该怎么做呢？

我们有一个复盘工具，叫作"鱼缸会议"，由复盘教练带领所有伙伴进行相互反馈，用流程保障反馈的尺度和正能量的氛围，让大家能获取真实的信息，汲取行为改善的营养。

鱼缸会议怎么操作？我们用一张图（见图1-8）概括了鱼缸会议的流程。

图1-8　鱼缸会议的流程

图1-8中包含了很多信息，我们先对其中的要点做概要介绍：①大家围坐成一个半圆形，这种柔和的形状避免了面对面、排排坐的紧张感、压迫感，让人们身心放松下来；②要求先讲事实，避免直接讲评价和主观感受；③讲真话，不回避问题；④每次反馈包含两类，即积极性反馈和发展性反馈；⑤"鱼"（被反馈者）在会议过程中不做记录，不转移注意力，认真倾听，和反馈者尽量多一些眼神接触；⑥"鱼"听完之后，只需要说"谢谢"，不反驳，不解释；⑦在一轮反馈全部完成后，"鱼"做完整的总结，全面回应，以感谢和改进为主，仍然不需要争辩……

规则比较多，细节上此处不再展开，先来感受这样的氛围。从规则中能看到，这是一种很有趣的会议形式，它让行为反馈变得更加轻松，不会给人以巨大的压力；又比普通的聊天、谈心要深入，能够用特别的引导方式带出大家平时很想说但一直没有机会说的深层看法。

要做好鱼缸会议，需要把握哪些原则呢？如图1-8所示，有4点需要注意。

- 流程营造氛围。理性影响分析，感性驱动行为，要推动深层的沟通，必须通过流程创造充分信任的、正能量的氛围。
- 规则避免演戏。大家的反馈不能空泛，要真实，而且好的、不好的反馈都可以讲，真诚反馈是给被反馈者的最好礼物，不能搞形式主义，走过场。
- 事实先于评价。人们更容易接受事实和建立在事实基础上的感受。"抛开事实不讲"，是很多矛盾产生的直接原因。
- 成长大于问题。鱼缸会议不是批斗会。工作是为了解决问题，但更重要的是，大家是一个团队，每位伙伴都需要在工作中不断成长，持续进步，共同创造美好生活。解决问题是手段，自我成就、共同成功是目的，不能因为急于解决问题而忽视个人成长和感受。

从以上内容可以看到，结构化的流程设计是为了规避行为反馈中的各种风险和陷阱，把控节点，把整个过程引导向人们期待的结果，让行为反馈复盘变得美好和可行。所有的问题都有原因，所有的美好都需要呵护。

因为需要细致的设计和过程管理，所以鱼缸会议一般都会由复盘教练来引导。

鱼缸会议的应用场景非常广泛。如果你能改变保守含蓄的沟通方式，适当地使用鱼缸会议，会有意想不到的效果。

我曾经在深圳做过一场为期一天的交流论坛，与会学员大部分来自深圳的不同企业，还有一部分是从外地赶来的，相互之间不认识。要让这群陌生的学员了解和体验鱼缸会议，挑战非常大。

没有了解，就快速增进了解；没有信任，就推动建立信任。

为了让大家更加投入、更多地互动，我把现场分成6个组，整个学习过程实施积分制，大家相互竞赛。

从早上开始，各组自发选举组长，团队共同承诺，一定要拿冠军。在上午的学习过程中，老师和骨干学员一起努力，创造氛围，带动各组伙伴越来越投入。

中餐及午休时，老师提醒各组组长带着伙伴们做团建，增进感情。

下午经过激烈拼抢，终于产生了"学霸小组"，其他各组根据输出和表现，也有相应的排名。一番"激战"之后，大家进入鱼缸会议环节，对当天的行动做复盘，大家做得兴高采烈，效果很好。

现场有一些学员以前学习过鱼缸会议，在这次活动中，一位学员分享道："再次体验，感受很深刻，我们在一个其乐融融的团队里，我们关注对方的成长，而不是纠结于问题。鱼缸会议让我们坦诚相待，赠人玫瑰，也能从对方那里收获善意和关怀。这个工具打破了人际隔阂，让我们在短短2小时里变成了眼里有光、心里有爱的好朋友。"

这就是管理工具的魅力，用好复盘工具，可以让你的团队更加强大。

1.2.3 U型画布

U型画布是什么？它是心智模式复盘的工具，用来对思维做深入探询和反思，激发顿悟，寻求突破。

为什么要用U型画布？复盘教练常问一个问题：你是有N年的经验，还是把1年的经验重复了N遍？年复一年，你是在低水平地重复，还是每个阶段都有顿悟？

问题很尖锐，戳中了很多人的痛处。正如图1-9所示，低水平的重复，就是在浪费生命。

图1-9　低水平的重复，就是在浪费生命

人的成长，主要体现为心智模式的突破。思路一变天地宽，关键时刻产生顿悟、做对选择，未来的走向就不一样。

但顿悟不是靠机缘、靠运气吗？并不是，借助好的工具，可以让顿悟成为一种常态。人们在工作和生活中的很多重大事件，都可以使用U型画布（见图1-10）做探索，一层层"剥洋葱"。无论是事后复盘回顾还是事前辅助决策，方法都一样。

顿悟对个人和组织都有极大的作用。不夸张地说，关键时刻的顿悟，决定了未来的方向。

通用电气集团前CEO杰克·韦尔奇曾经求教管理大师彼德·德鲁克："我们有一些业务，不是战略重点，但还能赚点钱，是应该保留还是应该撤掉呢？"

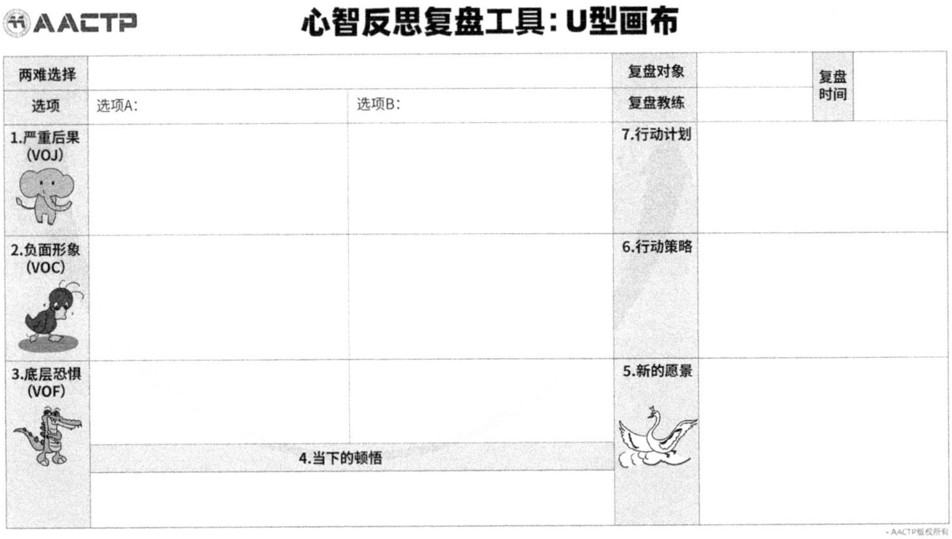

心智反思复盘工具：U型画布

两难选择			复盘对象	复盘时间
选项	选项A：	选项B：	复盘教练	
1.严重后果(VOJ)			7.行动计划	
2.负面形象(VOC)			6.行动策略	
3.底层恐惧(VOF)			5.新的愿景	
		4.当下的顿悟		

——AACTP版权所有

图1-10　心智反思复盘工具：U型画布

德鲁克开玩笑说这个问题至少值100万美元。他反问："假如时光倒流，一切回到刚开始的时候。你会成立一些公司去做这些业务吗？"

一语惊醒局中人。杰克·韦尔奇一下子跳出了原来的思维框架，想明白了这个问题：难道所有赚钱的业务我都要做吗？当然不是。组织资源、个人资源都是有限的，自己不是上帝，资源过度分散的结果，就是在每个领域都和强敌过招，疲于奔命，奄奄一息。这恰恰是通用电气集团当时面临困境、业务衰退的一个重要原因。

于是杰克·韦尔奇做出一个重大决定：今后要开展一项新的业务，必须有信心在该领域做到数一数二，这样才能获取足够的利润和运营空间，使组织进入良性循环；如果做不到数一数二，即使仍能获取些许利润，这块业务也要卖掉。"是否赚钱"不是一项业务去留的判断标准，"是否能占据优势地位"才是。

这就是著名的"数一数二"经营思维，这种思维现在已经成为很多企业家默认的公理和必须遵循的基本原则。道理看起来挺简单，但当时杰克·韦尔奇从犹豫不决到豁然开朗，内心经历了反复挣扎，德鲁克作为复盘教练，一语中的，最终才促成了杰克·韦尔奇的这一伟大决定。

举个例子，电视机业务是当时通用电气集团的一项规模很大的业务，但已经不是朝阳产业了，未来前景黯淡。杰克·韦尔奇下决心舍弃该项业务，将其卖给了汤姆逊集团，后来TCL收购了汤姆逊，最终背上了一个"大包袱"。历史证明了"数一数二"经营思维的正确性。

类似关键决策影响企业命运的例子，国内也有很多。

我的朋友曾经作为特劳特公司的顾问，参与了加多宝的战略咨询项目。当时加多宝租赁了"王老吉"凉茶品牌，面临多个选择：坚持只做凉茶，将火力集中到一个点上；多元化发展，除了做凉茶，也做龟苓膏、绿豆爽等多种饮料。

生产线都买好了，但公司里几种声音争吵不休。高层也感到很困扰，他们和顾问一起商量，把各种可能性、担心都列出来。顾问说："龟苓膏有多大的利润空间？顶天1亿元。凉茶目前的销量也不大，不到2亿元，但它的市场空间巨大。中国人难道不需要自己的'可乐'吗？以中草药为标签的凉茶，有没有可能成为中国人的'可乐'？"

这个问题让加多宝高层深受震动，他们终于做出战略决策：撤销多元化产品生产线，专注做凉茶。后来就有了那句传遍大江南北的广告词"怕上火，喝加多宝"，加多宝凉茶销售额从2002年的1.8亿元增长到2008年的120亿元，增长了50多倍，品牌价值超过千亿元。

至于后来加多宝和王老吉之间的纠纷，此处不再细说，单看加多宝高层在关键时刻的决策，如果能跳出固有的思维模式，形成顿悟，对未来的影响极其深远。

如图1-11所示，选择决定未来，关键时刻的决策质量，对个人和组织的未来有至关重要的影响。如何提升决策质量？使用U型画布，学会心智模式复盘，用团队智慧规避单一视角的风险，成功的概率就会大大增加。

图1-11　选择决定未来

U型画布通过对思维模式中"严重后果、负面形象、底层恐惧"的探询和对不同选择的对比，激发人们跳出旧的框架，形成新的理念，指导未来的行动。

这种思维模式的复盘，是沿着思维逻辑一层层"剥洋葱"，在关键点上提问，自己提问，或者复盘教练提问，不断碰撞，从而产生顿悟，在关键时刻做出更好的选择。

1.2.4　未来探索

什么是未来探索？一个团队通过回顾过去提炼成功要素，分析现在以发现趋势，进而对未来达成共识的研讨流程，就是未来探索。

未来探索的应用场景很广泛，其中一个场景是企业文化复盘，帮助团队建立、宣贯、践行企业文化。

在企业文化复盘中，复盘教练常问的一个问题是：你所在的组织到底是团队还是"团伙"？

"当然不是团伙啊，就算是也不能承认。"一般人都会这么想。"团队"和"团伙"有什么区别？两个重要的区别点是，有没有共同的愿景、使命、价值观？有没有奋斗精神和积极氛围？按照这两点来衡量，有的组织可能连"团伙"也算不上，只能算一群"乌合之众"。

文化是团队之魂，它处于理念层面，看不见摸不着，很容易被忽视，但它是企业所有经营管理行为的基础。企业文化出了问题，组织就会百病缠身，可是，如果没有合适的工具，就很难察觉企业文化的问题，从而无法做好企业文化建设。

未来探索是做企业文化复盘的好工具。每年给组织做一次"体检"，激浊扬清，凝心聚力，让团队始终保持创业团队的激情。

用未来探索建设企业文化，该怎样操作呢？5个步骤：回顾过去、分析现在、规划未来、达成共识、落实行动（见图1-12）。

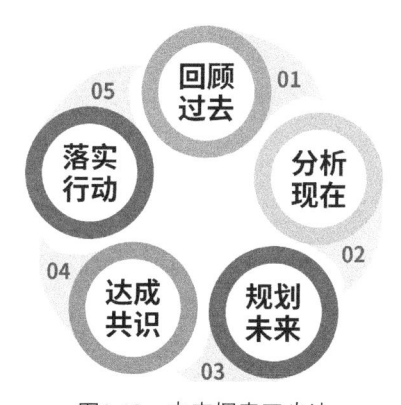

图1-12 未来探索五步法

第1步：回顾过去。组织需要承前启后，继往开来。过去的成功是未来路径的重要参考。每年回顾过去的成功经验，把好的、值得传承的内容沉淀下来，持续更新。支撑团队成功、用来判断是非对错的标准，就是价值观。把这些价值观变成故事，广泛传播。

第2步：分析现在。从现在的信息、行业的动向中寻找未来的趋势。组织在关键时刻的选择、领导人对机会点的把握，都会影响组织的命运。这些能力都以对趋势的判断为基础。

雷军曾经说，站在风口，猪都能飞起来。这当然不是提倡搞投机，雷军是一个非常勤恳务实的人，是著名的"中关村劳模"。他对过往的创业经历做了反思之后，发现不能只埋头做事，还要抬头看路，认真做事很重要，抓住趋势也很重要。他离开金山公司之后，重新起步，创办了小米，这也是抓住了趋势。

第3步：规划未来。人们看到了一些趋势、一些风口，用形象的方式将它们描绘出来，就是愿景。基于趋势看未来，你1年、3年、5年之后，能做到什么程度？达成什么样美好的画面？愿景不是虚头巴脑的，它是实实在在的。有人觉得愿景是空话，那是误解。

第4步：达成共识。梦想清晰了，目标明确了，在实现目标的过程中，要坚持做什么事？承担什么责任？这是使命。

第5步：落实行动。怎样将使命落实到每个部门每天的行动中？核心价值观如何与平时的行为相结合？这样从梦想到行动，从过去的成功到未来的成功，就连成一条线了。

未来探索每年起码要做一遍，这是企业文化建设的核心举措。文化一点儿都不虚，它和组织的战略、战术，和具体行动密切相关，企业文化是组织战斗力的底层来源。

1.2.5　4F 团队协作复盘画布

既然是团队，就有大量的协作问题。很多时候人们解决问题是就事论事，从环境、行为、能力方面入手，也能见到效果。但对于一些复杂的问题，如果仅做表层处理，治标不治本，问题就会反复出现，让人不堪其扰。

之所以出现复杂的团队协作问题，往往不是因为环境条件不够、方法不当、能力欠缺，而是"三观不同"，也就是双方的愿景、使命、价值观存在分歧，外在的冲突只是表象。要想解决此类问题，需要再深挖一层，从信念层面做研讨。

4F团队协作复盘画布就可以用于处理这类较为复杂的团队协作问题。

处理复杂的团队协作问题时，复盘教练常常提出一个问题：你的问题分析是缘木求鱼，还是挖地三尺？

方向不对，再怎么积极努力，也解决不了问题。只有追根溯源，方能事半功倍。

4F团队协作复盘画布包括4个模块：客观事实、主观感受、底层认知、未来行动（见图1-13）。它能够引导团队从更深的信念层面入手，寻找解决问题的突破口。这也是团队在面临协作障碍时，解决复杂问题的基本思路。

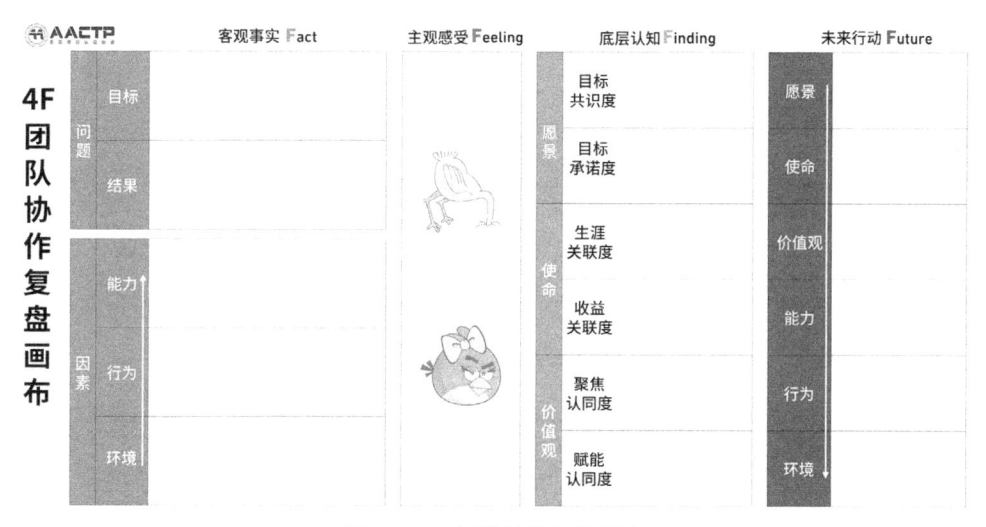

图1-13　4F团队协作复盘画布

以上介绍了5种典型的复盘工具，以及它们能够给人们带来的价值（见图1-14）。本章先为大家建立一个全景图，后文会对每种复盘工具进行进一步阐述，并用多样化案例来展示它们在工作和生活中的具体应用。

在本书中，我们尽量避免单纯地探讨晦涩的原理、表面的流程，侧重复盘工具的实战应用，如它们与人们的工作如何息息相关，又为人们带来了哪些帮助和乐趣。基于这个目的，你可以把本书理解成面向大众的"复盘普及书"。如果你阅读本书之后对复盘有了兴趣，希望进一步了解更加系统的复盘原理和更加具体的复盘操作，甚至希望将其应用于实践，那本书就达成了目的。

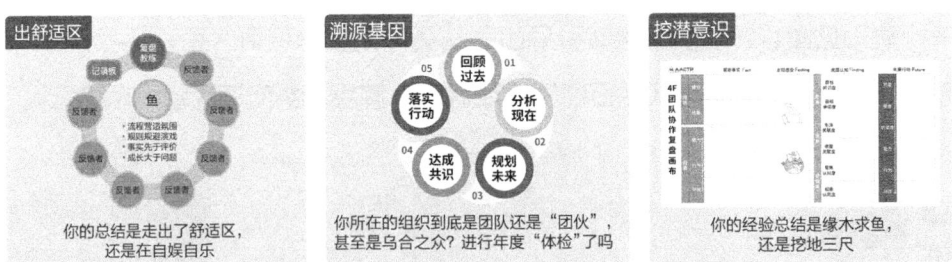

图1-14　五大复盘工具与灵魂五问

大道至简，复盘五大工具——项目复盘画布、鱼缸会议、U型画布、未来探索、4F团队协作复盘画布，背后的原理比较简单，容易上手，但要想在工作和生活中用得恰当、用出效果、举一反三，还需要勤加练习，用心揣摩。

复盘五大工具，有流程解读，有案例借鉴。不断进行实践总结，可以让你在职场中真正做到"吃一堑，长一智"，从单纯的靠努力勤奋，不断进化，到靠智商和情商，靠团队，靠组织，成为复盘教练，成为职场成功人士。

第 2 章

项目复盘：项目复盘画布

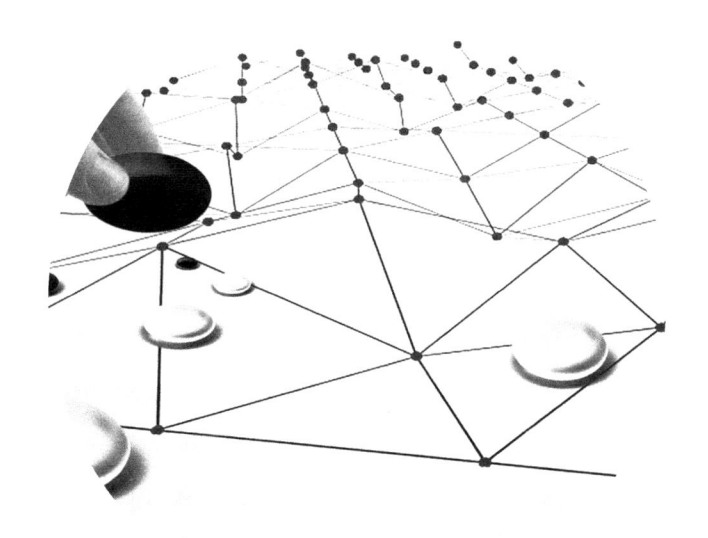

项目复盘画布（见图2-1）是一个在商业及个人场景中应用非常广泛的复盘工具。其核心套路由4个步骤组成：回顾目标、评估策略、反思过程、总结规律。

图2-1 项目复盘画布

这里的"套路"是一种形象的说法，因为流程是最佳实践的总结。好的流程背后一定有心理学的考量，它可以打开我们思维中的盲点，把过去的惯性思维用结构化的方式扭转过来，实现自我突破和组织改进，所以把它叫作"套路"也没错。

接下来我们将一一拆解这4个步骤。

2.1 回顾目标：深挖目标，唤醒动力

在回顾目标这一步，项目复盘内容如表2-1所示。

表2-1 项目复盘：回顾目标

总目标	结果	比率
阶段目标	结果	比率

回顾目标时，需要跟催数据与进度，但一定不要止于表面的跟催。在这一步需要谨记：只有死磕目标，才能走透复盘。死磕目标，是企业在同等投入甚至更少投入之下，迅速实现效益提升的突破性手段。

为什么这么说？

在企业管理中存在一个怪象：一放就乱，一抓就死，非常痛苦。

因为时间有限，资源有限，基于现实情况，很多管理者只能选择"放手/放羊"式管理，只管结果，不管过程。"我只要最终结果。每个人都领到了自己的目标，怎么做是他的事，我只管他做到还是没做到。做到了就是英雄，做不到，就换个人做。"

这种管理方式看起来简单省事，甚至有点痛快，但不可否认，过程粗放，导致生产能力大量流失。这种粗放的管理方式在企业初创期、野蛮生长期是有效的，但当企业追求质量和品质时，很明显，就不再适用了。

但是抓过程管理，也是一个让人纠结的选择。管理者要投入大量时间，还不见得能"管到点子上"，反而干扰了一线工作，被抱怨"净玩虚的，不接地气"……

一放就乱，一抓就死，这是普遍现象（见图2-2）。要想提升管理效益，挖掘组织潜力，怎么办？

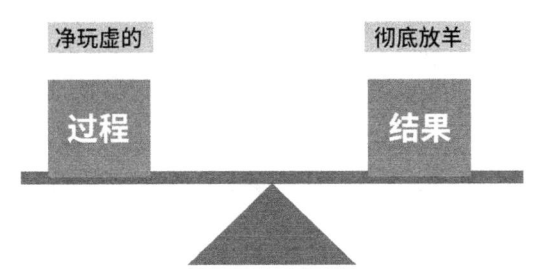

图2-2　管理的困境：一放就乱，一抓就死

一个有效的做法，就是遵循复盘流程，在过程中"死磕目标"，抓住这个"牛鼻子"，用最短的时间实现最大的效益。大量的商业实践表明，"死磕目标"的复盘方式都能起到四两拨千斤的效果：投入时间很少，但取得的成效远超过往。

死磕目标，是项目复盘的要点。那么，应该怎样去深挖目标？以组织需求为牵引，深挖目标，有哪些角度？深挖之后，又能产生什么效果？死磕目标，可以使用四维提问法（见图2-3），厘清4个问题，帮助大家在这一步把目标挖深、挖透，为组织改善奠定坚实的基础。

图2-3　澄清目标的工具：四维提问法

目标的驱动力主要来自4个方面：使命感、激励性、具体分解、承诺决心。作为复盘教练，在回顾目标时，要懂得从这4个方面提问，使目标的驱动

力得以充分释放。

2.1.1 上堆：目标的意义是什么

所有目标都是有意义的，为什么要挖掘目标背后的意义？

如果目标不能对准组织的愿景、团队的初心，对组织来说就是一场灾难。你的能力越强，破坏力就越大。

人们都希望自己"行程万里，不忘初心"，但大部分人走着走着就把初心给丢了。渐渐地，企业的管理流程不再是最原始的目标导向，而变成了问题导向、岗位导向。员工就像铁路工人，各管一段，至于企业的总目标，谁还记得呢？

2013年9月2日，诺基亚CEO约玛·奥利拉在记者招待会上通告微软收购方案时说了一句话："We didn't do anything wrong, but somehow we lost."（我们什么也没做错，但不知为什么，我们失败了。）说完，连同他在内的几十名诺基亚高管不禁落泪。

托词而已。为什么会失败？所谓的什么也没做错，只能证明在解决问题这一方向上，他们做了很多事情，但是丢失了最原始的初衷。

诺基亚最原始的初衷是什么？如果诺基亚的使命是在手机领域做到数一数二，那么所有的目标是不是应该与之相关联？

在手机行业发展初期，功能手机是主流产品，而功能手机的研发和生产恰好是诺基亚的强项。后来智能手机出现了，而且成为手机行业未来的发展趋势。

如果诺基亚还想在手机领域做到数一数二，那么它在智能手机市场的占有率是不是应该成为主要突破方向，甚至应该将方向改变为"在智能手机领域做到数一数二"？但是，当时诺基亚内部的所有经营性指标都与这个方向没什么关联。

早期，我们曾与诺基亚合作过很多培训项目，其内部的培训确实做得非常精，强大的培训体系从侧面确保了诺基亚过硬的产品品质。在诺基亚的"神机"时代（见图2-4），流传着一个充满情怀的笑话：诺基亚的手机可以作为一个锤子，拿来敲核桃、敲钉子都没问题。

图2-4 风靡一时的诺基亚"神机"

但是，诺基亚把坚固与安全指标做得这么好，把成本控制做得这么好，与组织的初始目标有关联吗？好像关联性不大，方向偏了。

当时在诺基亚内部，负责智能手机的业务部门只是一个独立的部门，而且是一个默默无闻的存在。如果当时能把它打通，实现跨部门协作，让所有部门共同背负"智能手机领先"的指标体系，诺基亚会不会迎来转机？有可能。

诺基亚的经历带给我们什么样的启发？组织的发起都有初心，组织的生存都有根基。组织规模扩大，分工精细化，是为了完成更艰巨的任务。但如果从个体利益出发，条块割裂，忽视全局，自我设限，这种职责导向的异变会给组织带来灭顶之灾。

作为复盘教练，你需要帮助组织强化目标，深挖目标，不断追溯组织的初心。组织中的所有具体指标和工作行为都要与整体目标挂钩，必要时要做跨部门沟通和协调，让所有的行为最终都服务于组织的使命、意义，这样才能形成合力，而不是内耗。

在复盘过程中，复盘教练通过提问来引导、检验整个团队，让所有行动都不偏离组织使命。那么，如何提问？我们提供了3个提问方向。

提问方向1：你的经营目标与组织的使命有清晰的连接吗？

说明：经营目标与组织使命挂钩。

使命往往务虚，企业经营要务实，现代企业经营中通常将企业的使命具化为在某个产业机会或细分市场做到数一数二。那么，经营目标是否服务于这个"做到数一数二"的使命？

提问方向2：坚持外部成果导向，你的成果能否尽可能地与经营指标（最终成果）挂钩？

说明：局部目标与最终成果挂钩。

职能部门的目标除了该部门职能范围内的绩效，是否还可以跟总绩效挂钩？局部目标是否能够体现与组织整体目标的关系，与之始终关联并为之做出贡献？所有部门是否认识到客户需求的重要性，并始终做到从客户的角度思考，致力于为客户创造更大的价值？

提问方向3：打破部门壁垒，团队成果之间是否能相互促进而非各自为政？

说明：局部目标应能连成一体。

可否设立一些跨部门的项目、团队和目标？横向的项目组调用各部门资源，为跨部门目标服务，是打破部门壁垒、增加组织活力的有效手段。

各部门的目标是"向前一步"的，还是保守独立的？在部门职责之上，向前一步，多做一点，各部门的工作就能更好地互相承接，形成拼图；各部门紧守自己的职责，不肯多做一点，衔接就变得异常困难，各部门难以协作，没有合力。

从以上分析可以看到，复盘教练要在复盘中做出正确的引导，需要对组织使命、经营目标、目标分解、目标协同有思考、有认识。管理者要想带领下属突破局限，首先自己要胸怀全局，唯有如此，才能让所有人发现工作的意义，心怀美好，让所有的行动都处于正确的轨道上。

2.1.2 寻因：目标有激励性吗

什么是激励性？一个目标是否能让人有热血，有激情，有完成它的憧憬和冲动？

为什么要强调目标的激励性？

我们看到，当前大部分组织的目标还是关键绩效指标（Key Performance Indicator，KPI），是自上而下制定的，更多地体现组织的意志和严谨规范的流程。但随着知识经济的发展、人们对员工个性需求的关注，目前的企业管理越来越强调目标和关键成果（Objectives and Key Results，OKR），在流程上自下而上与自上而下相结合，鼓励员工挑战自我、追求梦想，激发员工内驱力。KPI与OKR的主要差异如表2-2所示。

表2-2 KPI与OKR的主要差异

	区别点	KPI	OKR
制定前 （理念）	管理思维	控制	赋能
	本质属性	绩效考核工具	经营管理工具
	思维模式	理性思维（偏左脑）	全脑思维（偏右脑）
制定中 （要点）	制定方式	自上而下为主 分解＋部署（领导）	自下而上为主 引导＋激发（领导＋促动师）
	规划达成比例	≥100%	50%～70%（30%～50%）
	与绩效挂钩	紧密、严格	不紧密、柔性
制定后 （管控）	呈现方式	保密，仅责任者与上级知晓	公开，包括目标、进度及结果
	目标调整	静态，一般不调整	动态，不断迭代更新
	反馈机制	考核时反馈	及时反馈

OKR是一套用来明确目标、跟踪目标的管理工具和方法，由英特尔公司创始人安迪·葛洛夫发明。

一个有激励性的目标，能让员工在实现目标的过程中充满奋斗的热情，在方向上实现更多的创意和更大的成功可能性。显然这是企业更应该追求的管理模式。

在实战中,商业奇迹都离不开激励性目标。

我们给企业做项目的时候,经常会鼓励项目组成员制定挑战性目标。KPI中的保底目标还是保留的,给大家吃个定心丸,但务必制定一个"能够帮自己圆梦"的高目标,要有向OKR目标发起挑战的精神。

KPI和OKR并不是天然冲突的,并不是说强调挑战自我,就要放弃流程管理;强调感性,就要放弃理性。两者不是完全对立的。恰恰相反,偏理性的KPI和偏感性的OKR,可以很好地相互配合。

企业可以通过KPI保障运营,做兜底。经过精准分析的KPI能够给管理者和员工带来安全感,相信"这么干我们能保障生存"。

企业可以通过OKR来唤醒梦想。工作的目标并不只是生存,更有对美好生活的追求。要敢于做梦,敢于追求,只要是自己真心想要的美好画面,不管看起来多么远,都不要停下脚步,只要持之以恒,一定能实现。直击本心的OKR,能够给所有人带来幸福感,让人们感觉到"这才是我想要的生活"。

此前我们在一家银行做绩效提升项目,通过激励性目标激发团队斗志,通过复盘管理业务过程,仅1年时间,该银行的核心业务就增长了12倍(见图2-5)。

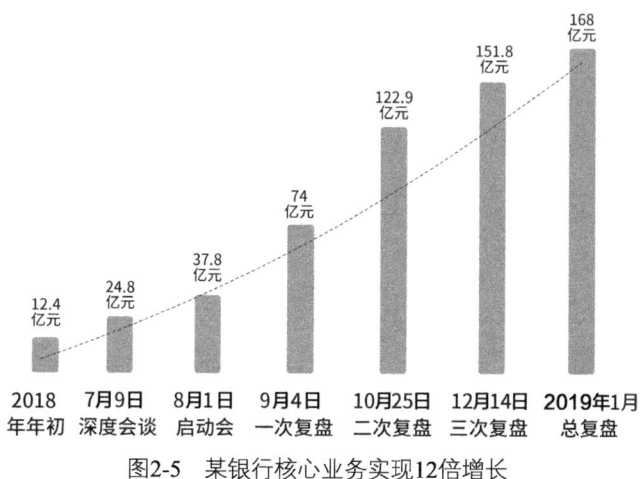

图2-5 某银行核心业务实现12倍增长

该银行副行长说，从业绩上看，票据业务相较2018年实现了12倍增长，这是一个敢于梦想、真正落地的项目；从跟客户无话可说到说个不停，从一筹莫展到信心满满，这是一个培养人才、解决问题的项目；从大家在项目总结上的领奖情况来看，这是一个收获满满、包赚不赔的项目……

从最终的数据看，结果让人非常震惊，难以相信。但对从项目中一路摸爬滚打过来的骨干成员及反复经历过这种奇迹变迁的复盘教练来说，这种案例又一次证明了：成功是有方法的，在好的方法论之下，组织的潜力超出人们的想象。

在每次项目总结会上，总有人开玩笑地说，当时制定挑战性目标，纯粹是被老师"忽悠"的，给自己挖了一个大坑，就是盲目相信老师足够专业，感受到伙伴们的热情和领导们热切的目光，脑子一热就掉坑里了……脑子又一热就完成了，回头看看，都不敢相信是自己干的。

这就是激励性目标的神奇之处。我们相信"氛围就是生产力"，为自己而战，为团队而战，人的潜力是无限的。目标虽高，也在感性判断的范围之内，并非漫无边际，如果万众一心，倾尽全力，又怎么会实现不了呢？

唐太宗所著的《帝范》一书中有一句话："取法于上，仅得为中，取法于中，故为其下。"就是说，人的努力结果，常常和期望有落差，制定一个"上"的目标，结果只能达到"中"，如果目标是低的、保守的，基本上必败无疑。在《论语》《易经》中也有类似的论述，可见制定目标时充满勇气，敢于自我挑战，是自我管理和组织管理的通行法则。

2.1.3 问果：目标可以分解为哪些指标

大胆假设之后要小心求证，拍脑袋定完目标之后要周密分析，把大目标变成一系列系统科学的指标。

怎样合理地分解目标？这里给大家介绍一个工具：平衡计分卡（见图2-6）。

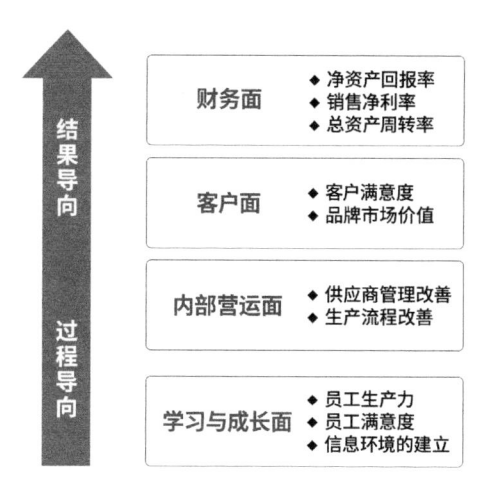

图2-6 分解系统性指标的工具：平衡计分卡

平衡计分卡的逻辑是什么？一个组织要想获得长远的成功，首先要明确当年的财务指标是什么。如果你想要的不仅是今年财务指标漂亮，还想要长期成功，那么客户指标就必须做得很好。只有你的品牌知名度高，美誉度高，客户认可你，喜欢你，对你满意，你的企业才会有长远的发展。

再往下探索：为什么这些客户认可你？客户对你的认可，很多时候是因为你的企业底子扎实、运营效率高等，这就是内部营运层面的因素。

而要想保持10年以上的核心竞争力，关键的因素一定来自企业的员工，员工的学习能力强，组织的学习能力会随之变强。企业/员工的学习与成长，也是一类重要的指标。

在松下电器内部有一句名言："我们公司不是生产产品的，我们是生产人才的，只要这些人才能够持续不断地输出，我们的产品就永远是最棒的。"

作为一个组织，在将大目标分解成具体指标的时候，可以从4个层面来思考，即财务面、客户面、内部营运面、学习与成长面。

它们的权重要怎么分配？这需要根据组织的核心竞争力和发展阶段来平衡。

2.1.4 下切：目标获得员工的承诺了吗

复盘时，对目标进行多角度的提问，就是对目标内驱力的全方位挖掘。好目标还包含一个要素，那就是要获得员工的承诺。

下面看一个战争的例子。先思考问题：军队应该采用命令式管理方式，还是采用承诺式管理方式？

很多人的第一反应是："当然是命令式管理方式啊！""一切行动听指挥"是人民军队铁的纪律，这不是妥妥的命令式管理方式吗？

是的，大部分时间是这样，长官下达命令，分解指标，下级跟着执行就可以了。

但如果遇到具有挑战性、不确定性的任务，就需要更多地借助下级的智慧和主观能动性，改变管理方式，并得到下属的承诺。战况越不明朗，越需要下属的自发承诺。

《三国演义》中记载了两场引人关注的战役：在赤壁之战中，曹操被孙、刘联军击败，失去了一统天下的机会；在定军山之战中，刘备攻下汉中，摆脱弱势地位，奠定了魏、蜀、吴三国鼎立的格局。

在定军山之战前，刘备和曹操在汉中已经打了两年多的仗，双方精疲力竭，这时候要想破局，拿下战略要地，对作战将领是极大的考验。

诸葛亮需要选一名主将带队进攻，他没有像往常一样直接点将，而是先叹息道："这个任务挑战很大，能够担此重任的人，也许只有千里之外的关羽，但关羽还在荆州，远水救不了近火，这可怎么办啊？"

这个时候，诸葛亮玩的就是心理学，把信息放出来，营造竞争的氛围，这也是复盘教练常用的一个套路。这一仗太重要了，常规做法力度都不够，必须从所有细节上把驱动力拉到最大。

果不其然，老将黄忠马上站起来说："我要去！"

诸葛亮并没有马上同意，而是说："老将军年事已高，屡战屡胜，正需要休整，还是其他人去吧。"

这句话正戳中黄忠的痛处，他最忌讳别人说他老，于是他拍着胸脯说："如果不能杀死对方主将夏侯渊，我就提头来见。"诸葛亮趁热打铁："黄将军要去攻打没有问题，但军中无戏言，要立军令状。"

最终的结局是黄忠立下了军令状，斩了夏侯渊，成功攻下了定军山。

刘备在定军山之战中获胜有诸多原因：刘备亲临前线，谋士计策给力；曹操内忧外患，不能亲临一线；夏侯渊因黄忠是老将，难免有轻敌之心，脱离大本营15里，深入险境……除此之外，黄忠之所以能够打破胶着的局面，其军令状在身，自我承诺，斗志爆发，也是至关重要的因素。

复盘教练应当有这样的意识：管理之道，"用人之力"为下，"用人之智"为中，"用人之心"为上。如果要实现组织突破，需要让员工用自发承诺点燃激情，激发斗志，从"要我做"变成"我要做"，让驱动方式从领导命令变成员工承诺。这是管理思想的一种本质改变。

同样的行为只能获得同样的结果，非常目标需要有非常手段。如果你希望组织有超出常规的业绩和成长速度，就必须跳出常规的思维模式、行为模式、管理模式，引入新的管理要素，这时候，"自我承诺"是一种必要的手段。

当然，不是所有工作都需要员工自我承诺。我们说的"非常目标"，自然是和组织大局相关、意义重大、富有挑战性的目标，承诺式管理和指令式管理之间不是替代关系，而是配合关系，需要灵活应用。

小结一下本节主要内容。项目复盘画布从回顾目标开始。为了让目标真实、具体，有情有义，复盘教练可以从4个方面对目标进行挖掘："上堆"问意义，"下切"问承诺，"寻因"问激励性，"问果"问指标分解。通过挖掘，让目标不再是一个单纯的数字，而是一套具有强烈驱动力的体系，推动组织实现业务提升、绩效突破，这是项目复盘画布的主要价值。

深挖目标的第二个显性价值，是加速人才培养。企业管理有一句名言："人才是折腾出来的。"挑战性目标逼迫每个人打破习惯，从过去的成功中跳出来，创新探索，在每轮复盘中反复地"解构—重构"，最终形成高度开放、善于学习的思维模式，摸索出业务成功的套路，成为企业不可或缺的高价值人才。

定方向，打基础，回顾目标做到位，项目复盘就走好了第一步。

2.2 评估策略：琢磨打法，形成套路

2.2.1 要想在竞争中胜出，关键在套路

在项目复盘中，第二步是评估策略，内容如表2-3所示。

表2-3 项目复盘：评估策略

策略1：	目标：
	结果：
策略2：	目标：
	结果：

在这一步要思考的关键问题是：怎样形成高价值策略？怎样才能让策略命中靶心，导向胜利？

核心的一点是，要有套路。

经历一件事情之后，你会有结构化的思考、结构化的工具，而不是懵懵懂懂地知道了一些零零散散的东西。零散的东西没办法帮助你思考，更不能进一步传播，让你教别人、带团队，所以一定要将知识结构化，形成套路。

《刻意练习：如何从新手到大师》一书认为，从新手到高手，有3个要素：①要有套路；②走出舒适区，反复练习；③教练及时反馈。复盘也是为了实现快速成长，因此要把这3个要素的理念和动作融入复盘中。

在成长三要素中，"套路"是最核心的，需要有意识、有方法、有工具。有了套路，才能走出舒适区，反复练习，并得到教练的反馈。借助组织的力量，后面两个要素实现的难度反而不大。

因此，在本节，我们重点阐述套路的价值、方法与工具。

套路、策略到底有多重要？你可能会想到一个经典的故事：田忌赛马（见图2-7）。

图2-7 田忌赛马

田忌和齐威王赛马，但田忌的下等马、中等马、上等马，都比对手低一个档次，这怎么比？

在实力无法和对手相比的情况下，策略可以掩盖劣势，凸显优势。硬实力不如对手，不见得会输。

田忌是怎么做的呢？第一场，用自己的下等马迎战对方的上等马，输得很彻底。这里运用的思路是："既然我的上等马比不上你的上等马，那就用我最差的资源，消耗你的机会。"

第二场，用自己的上等马迎战对方的中等马，拿下一局。

第三场，用自己的中等马迎战对方的下等马，再胜一局。

最后三局两胜，田忌赢了。一个非常简单的策略，但是达到了资源最佳统筹、以弱胜强的目的，很了不起。

在商业领域，企业之间的关系本质上是竞争关系。作为职场人，在职场上打拼，也充满了竞争，处处以"赢"为目标。在大多数竞争中，资源与对手接近，或者比对手匮乏，都是常态。这时候，有没有套路、策略，质量好不好，就是决定竞争成败的关键砝码。套路，是在现实中取胜的关键手段。

2.2.2 要形成好套路，首先要聚焦

面对目标，怎样才能形成一个好的套路？

形成套路的要点包括聚焦、简化、复制、赋能。具体讲，聚焦是指明确定位，集中优势兵力；简化是指减少动作，避免资源分散；复制是指扩大成功经验的应用范围和场景，乘胜追击；赋能是指持续培训学习，让策略深入人心，让人员能力跟得上组织发展。

在这4个要点中，聚焦是最具智慧、最有价值的。聚焦之后，简化、复制、赋能相对都容易操作。因此，本节将重点阐述如何通过聚焦来形成高质量的套路。

下面通过一个案例来了解聚焦在整体策略中的价值。

如图2-8所示，百事可乐和可口可乐的竞争由来已久，双方交锋无数，百事可乐从弱小的初创期发展到能够与可口可乐"掰手腕"，转折点在于一次经典"战役"。

百事可乐创立之后，在与可口可乐的竞争中一直处于劣势，当时可口可乐在碳酸饮料市场占据垄断地位，难以撼动。在市场的多重围攻下，百事可乐举步维艰，两次濒临破产，于是它找到可口可乐，希望被对方收购，但对方拒绝了。

图2-8 可口可乐vs百事可乐

这时百事可乐已经处于生死关头，只能背水一战。在重新研究制定了一系列策略之后，百事可乐又一次与可口可乐对决，居然险胜一招，把可口可乐拉下行业第一的位置，自己成为老大。

虽然后来可口可乐拼命反击，重回行业第一，但百事可乐已经做大，碳酸饮料市场双雄争霸的局面从此延续至今。

百事可乐在这场"战役"中用了什么套路？其实很简单。在危急时刻，百事可乐反而开始思考一些看似很基础的关键因素（见图2-9）。

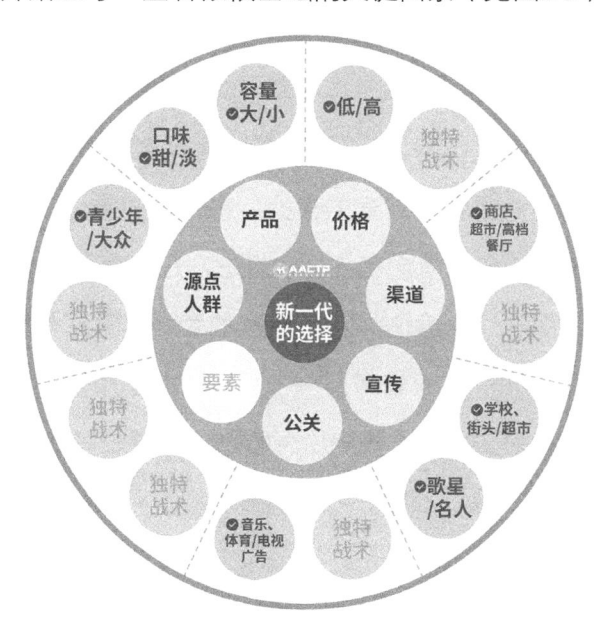

图2-9 独特战术组合罗盘：百事可乐的商业策略

图2-9展示的工具是"独特战术组合罗盘"，用来呈现为了实现战略，可

以使用的独特战术组合或系统打法。罗盘的核心是战略，核心周围是影响战略成功的关键要素，最外面的一圈是对战术的选择。不同的企业，其战略成功的影响要素各不相同。

- 源点人群：撬动市场的起点人群、核心人群，定位是青少年，还是更普遍的大众？
- 产品：口味甜一点好，还是淡一点好？容量大一点好，还是小一点好？
- 价格：定价是低一点，还是高一点？
- 渠道：重点分销途径是普通的商店、超市，还是高档餐厅？对一般饮料来说，如果能进入高档餐厅，当然也是极好的机会。
- 宣传：举办线下推广活动的地点是学校、街头，还是超市？广告代言人是找引领娱乐风向的歌星，还是有社会威望的名人？
- 公关：主要的广告投放渠道是音乐活动、体育赛事，还是电视节目？

……

关于商业模式，有无数种选择，每种选择都有自己的道理、相应的利弊。饮料市场上有喜欢甜的群体，也有喜欢淡的群体；定价高有高的难处，低有低的问题……不像自然科学，经营管理中的每个问题都没有绝对的对错，没有标准答案，这是经营管理的难处，也是它的魅力。对不同的选择，公司内部不同的部门、管理者会有自己的想法，开会时发生争吵也是常态。

这时候就要从另一个角度去思考：所有的套路、策略都有中心思想，单点思考，无法全力出击，只有聚焦到一个点，所有的手段才能形成合力。兵分各处，各自为战，必败无疑；集中所有策略，在核心目标上形成3倍甚至10倍的优势兵力，把仗打穿、打透，才是制胜之道。商业定位上讲"宽度一厘米，深度一千米"也是此意。

百事可乐几经探索，终于找到了一个关键的突破点——把产品受众聚焦到年轻人身上，打出广告："新一代的选择。"

因为百事可乐在调研中发现，上一代消费者已经习惯了可口可乐的口味，甚至像巴菲特这样的人每天都要喝一两瓶可口可乐。要想改变这一群体的习惯，几乎不可能。

好在百事可乐遇到了一个千载难逢的机会。第二次世界大战之后出生的一代年轻人，对旧的秩序感到疲惫、厌倦，对未来感到困惑、迷茫，追求绝对自由，渴望新鲜变化。这一代人是百事可乐翻身破局的天赐良机，百事可乐敏锐地发现和利用好了这个机会。

核心目标带动具体选择。百事可乐在将产品受众定位于年轻人并打出"新一代的选择"广告语之后，一切策略都有了明确的思路和指向：年轻人的口味是偏甜的；年轻人饮用量大，所以包装要大一点；年轻人更喜欢音乐、体育活动；推广地点选择学校、街头，目标人群更密集；代言人找引领娱乐风向的歌星；分销不找高档餐厅；价格对年轻人来说偏高了，需要调低……

主导思想明确之后，具体策略就有了。百事可乐找到一个聚焦点，打了一套组合拳，这套组合拳和可口可乐的完全不一样，就算竞争对手想学，也只能学某个点。可口可乐后来也推出了大包装，但光大包装是不够的，这是一套组合拳，它没有办法把组合拳中的每一拳都照搬过去。

百事可乐通过这套策略，对可口可乐造成了严重的冲击。可口可乐为了反击，出了一个"昏招"——修改配方以建立新的形象，结果遭到忠实顾客的强烈反对，不少人上街游行，可口可乐只好又改回经典配方。一顿折腾之后，可口可乐元气大伤，百事可乐居然坐上了行业第一的宝座。虽然之后可口可乐全力反击，重回行业第一，但百事可乐早已经借机做大，再也不是过去的"小透明"了。

百事可乐一战成名的关键在于聚焦。组织在商业竞争中或个人在职场竞争中，同样需要认清自身特点，把握环境机遇，找到差异化的突破口，集中火力，形成压倒性优势。不管自身力量是弱还是强，在制定策略的过程中，聚焦都是应始终坚持的基本原则。

聚焦、简化、复制、赋能，对形成好策略来说都是必要的。在这个案例中，百事可乐精准定位，做到了聚焦。因为聚焦，在策略中必然需要有所舍弃、简化。将成功的套路在不同的细节、不同的场景、不同的时间进行复制，放大成功。在整个过程中，组织需要改变上下思维模式。要想用思维领先来引领和保障业务领先，需要培养团队，持续赋能。

通过百事可乐的案例可以看到，形成套路的要点有聚焦、简化、复制、赋能，其中聚焦非常关键。

在复盘现场，为了帮助团队打好基本功，形成好套路，复盘教练可以通过提问来进行引导，示例如下。

- 这些策略有没有聚焦？焦点是什么？（聚焦）
- 你的策略是在做加法还是在做减法？（简化。伴随着聚焦，一定会有管理动作的简化。如果加法成为常态，说明你可能进入了误区。）
- 你是否可以复制别人的成功，复制自己此前的成功？（复制）
- 有没有给员工持续赋能？（赋能）

2.2.3 提炼套路的工具：团队共创

聚焦、简化、复制、赋能，是找到套路的要点，也可以说是"心法"。除了心法，还需要工具。没有工具，即使有了好想法，也会比较散乱；有了工具，这些好的想法能够有效地组合起来，形成系统化的思路和方案。

怎样快速地汇集想法、形成方案呢？有一个好工具叫"团队共创画布"（见图2-10），效果非常棒。

团队共创画布是一个用来集思广益的工具，可以将其理解为升级版的头脑风暴。使用这个工具，可以很容易地针对目标形成创新策略，或者基于案例提炼策略要点。

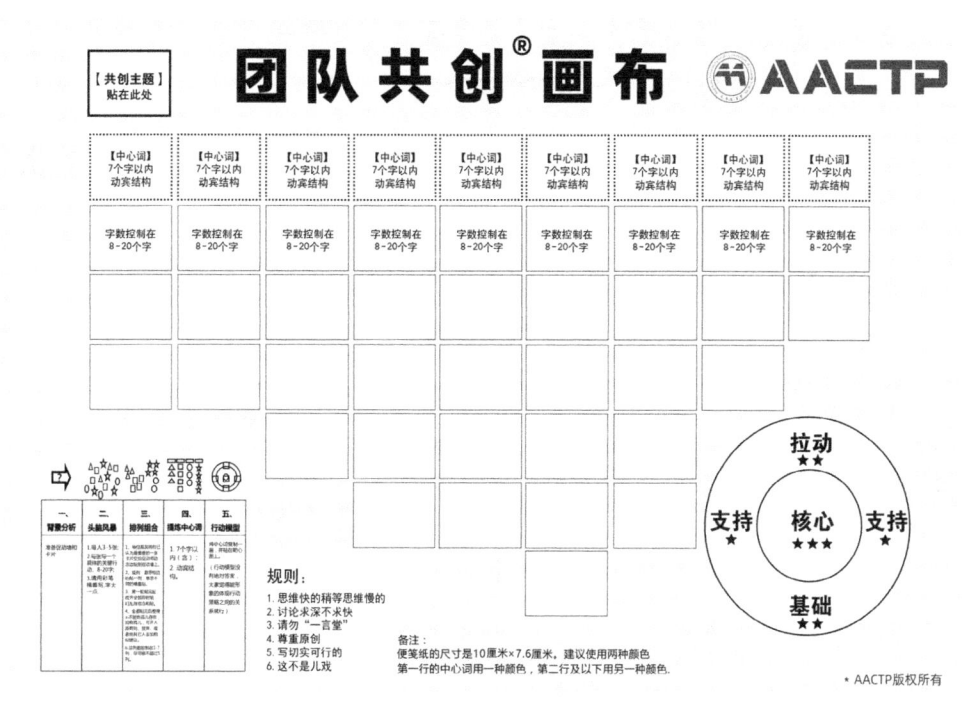

图2-10 团队研讨的经典工具：团队共创画布

团队共创画布在操作层面的细节内容，这里暂不展开叙述，我们想先和大家分享的是，使用团队共创画布，在主要的研讨环节应该如何设置，氛围如何把控，输出的成果是什么样的，有哪些价值。先从大的框架来了解团队共创画布，对你会更有帮助。

使用团队共创画布时，需要注意的重点事项如下。

引入新知，先做发散

沟通普通问题时，直接收敛，效率高；沟通重点问题时，先做发散，品质高。团队共创一般针对的是战略方向、经营管理、统筹合作类的重点难点问题，所以要先做发散。

在团队共创前，先举例子，分享案例，如前面分享的百事可乐案例。通过案例，看到别人成功的套路，建立直观的认知，启发自己的思路。

除了案例本身，主持人还要指出案例背后的思维规律：聚焦、简化、复制、赋能，这也是团队后续做共创、寻找策略的思考要点。

自我挑战，转变信念

一次成功的共创不但需要引入新知，还需要引入新的态度，唯有具备挑战自我的态度，才有可能完成突破性的目标。

要做团队共创，目标通常不一般。例如，你希望今年业绩翻倍，为自己和组织带来大幅的收入增长。这个目标很棒，怎样才能实现？

有人说"需要加倍努力。"这恐怕不行，单纯做加法行不通。一天也就24小时，没有人能做到让自己的工作时间翻倍。

欲得非常果，须有非常心。在针对挑战性目标的研讨中，需要做好心理建设，鼓励大家以开放、勇敢的心态投入研讨。

自我驱动，贡献想法

团队的力量来自每个人的思考和行动。如果只有主管一个人在思考，那团队形同虚设。

团队中的每个人都应以开放的心态主动思考：为了实现目标，最重要的5项行动是什么？假设团队有7～8人，每人都要主动、深入地思考，把自己的想法写在一张张便笺纸上。

整合思想，梳理思路

发散之后要做聚焦，复盘教练带领团队成员，把大家的行动建议做归类，贴到团队共创画布上。同类的行动贴在一列，提炼出共性的关键词，这个关键词就是策略。在归类和张贴的过程中，团队内部可以做讨论、思想碰撞，在思路上达成一致。复盘教练在这个过程中所扮演的角色，在培训领域有一个专门的名称，叫作"促动师"。

通过这样一个过程，团队里的每个人都被充分调动起来，积极参与贡献并达成共识，所形成的策略的质量会远远超出以往。

这就是在形成套路时常常用到的研讨工具，简便有效。

2.2.4 评估套路的标准

以上我们介绍了形成策略的要点和工具，这非常重要，因为大部分团队在寻找套路时都没有思想主线，也没有基于商业角度的朴素和实用的技巧。

形成策略后，还要有判断标准，对已有的策略进行审视。不合格的策略会有很多风险，导致后续无法实施，或者方向跑偏，效率低下。

评估策略的五大标准如图2-11所示。

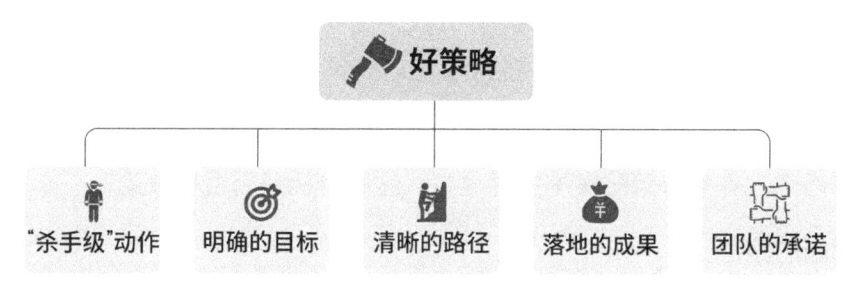

图2-11　评估策略的五大标准

"杀手级"动作

好的策略必须简明扼要，不求好看，只求实用。组织的人力、时间、资金有限，只有简单、快速见效的动作，才有落地和持续推进的可能性。

电视剧中的顶级杀手是怎么做的（见图2-12）？他的动作不会花里胡哨的，花里胡哨的是表演，招式再好，一招撂倒。进攻的动作很简单，一招制敌，直奔要害；防守的动作也很简单、隐蔽，一击不成，即刻远离。优秀的枪手在决战中凭什么胜出呢？如果对手拔枪需要3个动作，而他只需要1个动作，那他就胜出了。他平时练习的，都是怎样才能开枪更快、更准，0.1秒就是生死关键。

这种感受太形象了，所以我们把好的策略称作"杀手级"动作。"杀手级"动作的背后是系统的思考、深刻的洞察，在呈现上返璞归真、一招制敌。

图2-12 "杀手级"动作：动作越简单，获胜率越高

明确的目标

"杀手级"动作能够帮助你完成什么样的预期目标？量化的数据是多少？这些数据是基于什么样的分析和判断得出的？同比、环比、竞争对手是否有参考值？在核心策略实施的过程中，这些目标是否会有波动？

清晰的路径

面向这个挑战性目标，各个动作（包括"杀手级"动作）应该如何分解？从现状一步一步达成结果，具体路径是怎样的？中间有哪些关键里程碑？其中的步骤，哪些有把握？哪些有风险？有何预案？

落地的成果

分解的动作和目标是否达成预期？用什么样的标准来判断？这些成果在方向上是否和总目标是一致的？有没有跑偏？

团队的承诺

团队对以上成果和过程是否有信心？是否敢于承诺？如果要"小赌怡情"的话，敢拿出多少"赌注"？

"杀手级"动作是策略的核心。

在"杀手级"动作确定之后，必须进行细化、具体化。其中，目标、路径、成果、承诺都是策略落地的重要保障。我们针对这4个要素列出了如上一系列问题，一套靠谱的策略必须思考这些问题，想清楚，说明白。这些要素如果做不到位，再好的策略也会中途夭折。

2.3 反思过程：快速复制，制胜之道

2.3.1 速度的陷阱：人们总是在重复发明轮子

项目复盘画布有4个关键步骤：回顾目标、评估策略、反思过程、总结规律。前面两个步骤是死磕目标，基于目标，做聚焦、简化、复制、赋能，提炼出"杀手级"动作，提炼出策略套路。

提炼出策略套路之后，在执行过程中要做好管控，不断纠偏，抓落实，做优化，这就是第三步——反思过程。这一步的内容要点如表2-4所示。

表 2-4 项目复盘：反思过程

亮点	事项	好的做法	结果与影响	
不足	事项	不足的做法	结果与影响	改进的做法
变化项	事项	变化原因	当时应对	结果与影响	重新的做法
标杆案例	具体做法		启发与行动	

行动的过程，就是要落实策略，灵活调整，达成目标。行动过程中最常见的典型问题是精力耗散，随意摸索，效率低下。在这一步，要思考的关键问题是：如何提升学习标杆的敏锐性？如何做好复制标杆，快速制胜？

俗话说："太阳底下没有新鲜事。"如果你的团队现在接到一个挑战性任务，要实现业绩目标翻番。大家的第一反应就是每个人都出主意，做加法，各种点子、各种创意冒出来。这很好，也很正常，但能不能先不急着出主意？先想想看：这个挑战性任务未必是我们第一个遇到的，很有可能之前别人遇到过，说不定别人已经有了好的方法，太阳底下没有新鲜事。我们是不是先调查一下，看看别人的作业，然后去学习、借鉴？

万科的郁亮曾经说："组织明确要求我们这些团队就做两件事情：要么凭本事拿冠军，要么学标杆，不要连一件事都做不好。"面临一项挑战性任务，先不要急着发明轮子，四处去看一看，也许已经有人发明了轮子。

战略专家特劳特在其《定位》一书中也有类似的话："也许我的顿悟只是别人的基本功。"不要以为自己很厉害，总要搞发明，有时候你下了很大的功夫，琢磨出一点想法，最后却发现对别人来说这是常识，是基本功。那你为什么还要下这么大的功夫呢？

中国有个历史典故，叫"削足适履"（见图2-13）。一个人发现鞋子不合脚，他的做法不是改鞋子，而是把脚给削了，好穿上鞋子，这是不是很笨？但任正非居然把它变成了一个正面词汇，他是这么说的。

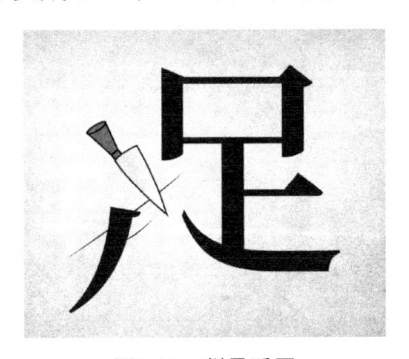

图2-13 削足适履

现在我们需要脱下"草鞋"，换上一双"美国鞋"。穿新鞋走老路当然不行，我们要走的是世界领先企业所走过的路。这些企业已经存活了很长时间，它们走过的路被证明是一条企业生存之路，这就是我们先僵化和机械地引进Hay系统的唯一理由。我们现阶段还不具备条件搞中国版本，要先僵化，现阶段的核心是教条、机械地落实Hay体系。我们在向外部学习的过程中，要防止自己好于幻想的习惯，否则不可能真正学到管理的真谛。

在引进IBM、合益的先进管理流程时，面对公司内部的不适应和抵触的声音，任正非用这样一个夸张的负面词汇，传递出了正面的管理方向。"先僵化，再固化，再优化"，这是一种高屋建瓴的思想。

现代管理流程中的有些知识看起来比较僵化，是"一根筋"的思维。例如，执行计划时，一定要"做我所写，写我所做"。大家在学习的时候可能对此感觉不舒服，不舒服就马上改，改成"计划赶不上变化快"。这样一来是多了灵活性，但可能好的东西也学不到了，最后剩下的还是自己原来的老一套。

"重复发明轮子"是一个巨大的错误，只有快速复制才能赢得先机。我们并不是说不要发明创造，而是说不能关起门来，忽视历史积累与标杆示范。站在巨人的肩膀上，"继往"而后"开来"，这才是可持续发展的正确方法。

2.3.2 快速复制，赢得先机

在向目标奋斗的过程中，忽视"对标成功，学习复制"，是导致众多企业与个人失败的突出原因，这也是在复盘的反思过程这一步，我们把"复制"作为重点来讲解的原因。

当然，要做好复制，必须有方法，有工具。本小节将介绍美团是如何通过快速复制实现后发制人的，以及如果想快速复制外部经验，应该怎样操作。

先看案例：美团如何通过快速复制实现后发制人？

美团创始人王兴说："多数人为了逃避真正的思考，愿意做任何事情。"很多人宁愿做一堆杂七杂八的事情，漫无目的地摸索，也不愿意认真地琢磨、研究、学习复制，这是在逃避真正的思考。美团旗下猫眼电影负责人徐梧评价王兴："他的独立思考能力很强，你在他手底下干活会感觉很累。他质疑一切，逻辑性又强，你跟他汇报工作时必须把逻辑搞得特别清楚，有一点儿问题都不行。"

闭门造车不可取，君子善假于物。有一套严密的逻辑、清晰的方法，更容易找到事物的规律，聪明地复制。美团在发展过程中有各种各样的问题，人们对此有褒有贬。但从快速发展的角度来看，它可以作为一个成功的案例。美团当年在"千团大战"（见图2-14）中之所以能突出重围，一定是因为它找到了成功的规律，并且扎扎实实做到位了。

图2-14　团购企业的生死角逐：千团大战

团购业务的规律是什么？线上生活业务和线下推广紧密相连。B端（企业对企业）业务需要影响下游商家，商家可不是单纯看谁广告做得好就选择跟谁合作，所以在B端业务中，地推（线下推广）的作用极其重要。在业内有一个重要的论断：线上生活行业，B端的广告远不如有执行力的线下队伍好用。这是不是一个规律？那么，B端地推的标杆是谁？这个标杆企业的运营负责人是谁？是不是可以复制他的成功做法？

阿里巴巴在做C端（个人）业务之前，B端做得非常好，B端运营负责人是谁呢？是销售副总裁干嘉伟。美团的王兴怎么学习复制？直接挖人。

王兴"六顾茅庐"，挖来阿里巴巴前销售副总裁干嘉伟，"阿里铁军"出身的干嘉伟为美团建立了强大的地推团队，其制定的"一线城市打防守、主攻三四线城市"的战略也被验证为又一次完美的"农村包围城市"成功案例。

干嘉伟不负众望，基于美团的发展阶段，把阿里巴巴当年成功的地推模式复制了过来，帮助美团在"千团大战"的激烈竞争中获得胜局。

关于美团的快速复制能力及其与同行的对比（见图2-15），投资人徐新（被业界誉为"投资女王"，优秀案例无数）发表了如下一番评论。投资人的点评往往是在项目收官之后，对比一系列竞争对手所做的一个回顾复盘，所以非常有借鉴意义。

图2-15　美团vs饿了么：快速复制，弯道超车

我讲一下美团外卖的故事。作为一个平台，它是怎么打理的？

其实饿了么这家公司起步很早，张旭豪是一个非常牛的创始人。他玩游戏，想点个外卖，却找不到做外卖的，于是就自己做个App，这是很牛的。

他是原创的思想，而且他教会了那些从来不会用电脑的餐厅老板学会接单，我觉得这非常了不起。我很尊重他，本来想投他的。后来做尽职调研的时候，美团王慧文从美国给我打了一个电话，讲了两个多小时，让我感觉美团也不错，那就两边同时看。看完以后，我觉得饿了么还是打不过美团。

你知道张旭豪做得好好的，做了3年，拥有先行者的优势，也很赚钱，他的威信和执行力都没有任何问题，可以说是一个非常牛的创始人。但他没想到美团也看上了这摊生意。美团是怎么知道的？就是凭借学习和计划的能力。

美团有个团队，监控所有的交易，对于日过千单的交易立马进行跟踪研究，然后他们这个"雷达"就扫描到了外卖业务——高频、高毛利。于是美团就开始研究，研究完了，由王慧文来执行。王慧文学习了6个月，就开始做。他的战略很简单，3个字，抄、抄、抄。

饿了么不是说要到学校贴海报、挂横幅吗？你8点去贴海报，我10点去，正好把你的海报盖上；我把你的横幅拿下来，和你打地推战。但这些都不能从根本上解决问题，所以美团做了6个月就不做了。

之后美团做了一件事，就是在2014年8月、9月放暑假的时候，招了1 000人，集中培训一个月，把培训、标准作业流程都搞好，然后将他们分派到100个城市。当时张旭豪的战线只分布在几个城市，几个对100个，这场战争就结束了。美团在和大众点评的竞争中，大众点评也是这样输给美团的，大众点评认为攻克三线城市太慢了，所以总是守着一线城市。互联网没有地头蛇，是全国范围内的竞争。饿了么面对美团的竞争策略，也赶紧派人去其他城市，但是去的这些人没有经过培训，没有铁军般的氛围，效果自然不好。

当然，最后美团之所以能真正在这场竞争中获胜，是因为它做了配送——坚定地做配送。配送也不是美团原创的业务，而是学的百度，但比百度执行得更好，"每天前进30千米"。

从王兴的演讲中可以看到，他执行力超强，深度思考能力超强。当时有人说"我们要做上游，做供应链。"王兴说不，他说农产品的供应链没有规模效应，它的增长曲线上升速度快，但到了规模阶段曲线就平了。他认为外卖是最核心的业务，它有网络效应，规模越大，成本反而越低，所以他就坚持做。现在美团号称有"50万外卖大军",他们穿着小黄衣,衣服上印着"美团外卖,送啥都快"。目前美团外卖业务的市场占有率已经达到61%,而王兴的目标是70%。美团做外卖业务多久了?才做了4年,这就是超级平台的威力。

美团的经历说明,在商业竞争中,对标杆案例、成功经验是否有足够的敏锐性,是否有快速复制的意识和技巧,可能是竞争成败的关键。

再细化到一项具体业务上。已知一项业务,同行做得非常棒,怎么快速复制?干嘉伟总结出了商业模式复制五步法:解构—观测—对标—学习—重构。它可以帮助你快速理解一门生意。

解构:你可以从时间、空间、业务这3个维度去解构生意。例如,美团最初是如何选择城市站点的?就是在时间和空间这两个维度进行解构。科学解构、设定目标是开展运营的前提,对企业来说是生死攸关的事情。

观测:解构完成后,要对关键指标进行持续观测。美团每天早晨的晨会,就是针对数据观测的及时反馈。

对标:太阳底下没有新鲜事。今天的任何一个生意,你扒掉它的外壳,都有一个可能并不新鲜的内核。所以,到商业史中去找这件事谁做得最早、最好,它就是你学习的对象,这比你站在那里拍脑袋的效果要好一万倍。美团做毛利业务,用什么方法呢?对标零售业。美团和其他任何一家企业一样面临全国市场、复杂的品类管理、不是每个品类都盈利等问题。所以,在历史的坐标中找到对标物很有效。

学习:找到对标物,就可以坐上"时光穿梭机",向对方学习。对方踩过的坑、总结的经验,都可以为你所用,让你依葫芦画瓢,这是科学的方法。

重构:在完成了前面4步之后,你对自己的生意有了深刻的理解,就可以把打碎的指标拼接成完整的运营策略了,这时你就完成了对业务的重构。

可量化、可衡量、可追溯、可控制,这才是好的运营结构。

解构—观测—对标—学习—重构，把有效的要素放到自己重构的系统中，就形成了自己的套路，这就是科学的复制。

科学的复制应该成为一种习惯。在职场竞争中，人们的创新探索如雨后春笋，好的做法不断涌现，你应该有敏锐的意识，随时对标学习，避免沉醉于埋头拉车，这会使你前进的步伐大大加快。

了解了美团案例后，可以思考一个问题：如果我要学习标杆，复制成功，该怎样操作？

同样使用团队共创画布这个工具来举例。上文讲述了美团在业务发展中有颇多亮点，下面就以它为学习对象，提炼系统打法，为你所用（见图2-16）。

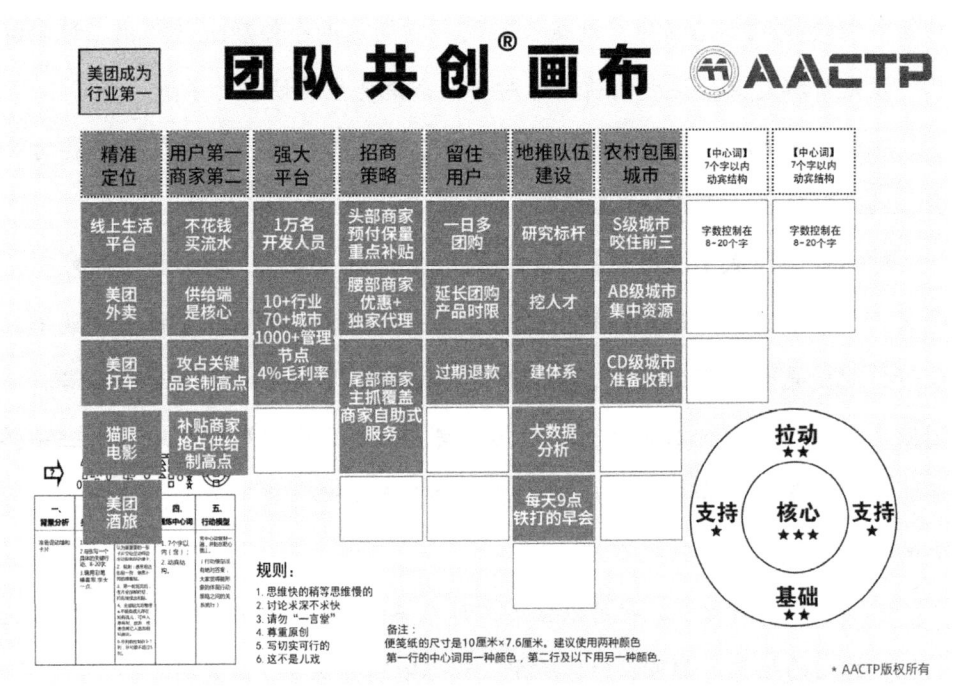

图2-16 用团队共创画布快速学习复制美团的系统打法

用团队共创画布，相当于进行升级版的头脑风暴和集思广益，研讨主题是"美团怎样成为行业第一"。

在研讨之前，要先收集美团的基础信息，对照自身工作，寻找有启发性的思路和洞见，这是前提。

每个人的认知可能是零散的，没关系，有了团队共创画布的辅助，零散的想法可以蜕变成系统的套路。

类似2.2.3小节讲述的流程，把美团的成功要素汇集起来，归成7类：①精准定位；②用户第一，商家第二；③强大平台；④招商策略；⑤留住用户；⑥地推队伍建设；⑦农村包围城市。这是一整套策略，每种策略都有具体的打法。以美团的前5类成功要素为例。

- 精准定位。定位线上生活平台，美团外卖、美团打车等多元化业务组合，都是和定位相关的。

- 用户第一，商家第二。说起来容易，做起来难，因为美团很多时候直接面对的是商家，到底是商家满意度最重要，还是用户满意度最重要？这个平衡点非常难以把握。这种态度一定会体现在具体做法上，美团选择直接补贴给商家，坚决不花钱买流水，这些都体现了美团的战略方向。

- 强大平台。1万名开发人员，1000+管理节点……最终实现4%的毛利率，这就实现了盈亏平衡，稳住了投资人的信心，这是美团当时在"千团大战"中胜出的核心。

- 招商策略。对头部、腰部、尾部商家，有不同的资源组合配置。

- 留住用户。从自己团队内部、标杆销售那里学习，研究他们的经验，做出判断：一天可以推出多个团购，而不是聚焦于单个爆款，这可能会大幅增加销售额；优惠券过期可以退款，从而显著提升用户体验……然后让成功的打法在组织内部迅速传播，形成规模效应。

通过这个例子可以看到，组织时间有限，资源有限，学习复制是极其重要的竞争策略。做好解构，发现规律，就能知道怎样重构，怎样将他人的经验转化成自己的战术。

在反思过程这一步，快速复制是核心，前文对此做了重点探讨。在复盘现场，针对项目复盘画布中的各个要点——亮点、不足、变化项、标杆案例，复盘教练可以追击提问，推动团队的反思走向深入。示例如下。

- 亮点。复盘教练可以这样问：在上一个行动周期，我们有哪些行动显著有效？哪些策略对目标的达成发挥了主要作用？在下一个行动周期如何延续这些策略？
- 不足。很多人在复盘时，会讲一堆似是而非的问题，不敢真正对自己"动刀子"。复盘教练要坚持问一个问题：假如未来遇到同样的问题，你会不会犯同样的错误？会不会被同一块石头绊倒？很多人会在同一个地方摔倒，这个不足项一定要找出来，给自己一个交代。

  要有勇气暴露问题，追击到底。人们之所以迟迟不能取得成功，大部分原因不是不懂做、不会做，而是缺乏面对问题的勇气，被懦弱束缚了前进的脚步。

- 变化项。在遇到客观意外时，如新冠疫情，人们好像无法掌控事情的发展。复盘教练可以追问：如果时光倒流，你知道会出现疫情，你有什么预案？方案是否可行？

  举个例子，我们作为一家管理培训公司，遇到新冠疫情，没想到影响这么大，时间这么久，我们现在做的事情就是拓展业务，开发和销售线上课程。作为创始人，我要带头去做这件事，并且取得了一定的成效。基于这种灵活应对措施，我有信心让公司活下来。

  面对客观变化、下一个行动周期中可能的风险，你是否有预案？是否有"过冬的棉被"？这是不能回避的问题。

  在"不足"和"变化项"这两个要点中，由于惯性思维和自我保护，人们很容易回避要害问题，而将失败归咎于外部环境。跳出现在，从未来看现在；或者回到过去，以归零心态看现在，你可能会有新的发现，对自己、对问题，有一个相对客观的判断。
- 标杆案例。有哪些标杆值得学习和复制？这是本节讲的重点内容。在这方面，复盘教练可以从3个角度提问和启发团队。
    - 这方面的标杆企业和最佳实践有哪些？仔细研究过了吗？有没有抬头看路？是否只顾低头拉车，甚至耗费大量时间，自己发明轮子？
    - 可以复制的套路有哪些？实践了吗？不要急于对标杆的套路说"不"，你试过没有？效果怎么样？
    - 复制外部经验的过程中有做到先僵化、再固化、再优化吗？如果穿上新鞋后感觉脚不舒服，就捏捏自己的脚，甚至削足适履，穿着穿着，也许就舒服了，再考虑固化、优化问题。你有没有经过这样一个过程？

以上4个要点可以帮助你更好地反思过程。

对复盘教练来说，可能无法做到熟悉企业的每项业务，做不到像一线员工那样清楚业务的来龙去脉与具体细节。但复盘教练是流程专家、提问专家，应追问到位，推动反思，用结构化的工具推动员工建立结构化思维，推动组织形成结构化流程。

管理大师德鲁克说，很多时候，问题比答案更重要。复盘教练不见得要掌握所有答案，但要懂得用提问把关键点击穿，使组织能量得以释放，结果得以改善，这样的管理就是卓有成效的。

2.4 总结规律：洞察本质，知行合一

项目复盘的第四步是总结规律。

总结规律，就是基于全盘反思，提炼出最本质的方法、原则，用于指导后续行动，提升质量。在项目复盘画布中，这一步的内容如表2-5所示。

表 2-5　项目复盘：总结规律

顿悟/规律	规律说明（可选）	行为
行动计划		
停止行动	继续行动	开始行动

在本节，我们分享3个要点。

- 总结规律是一种过程学习，过程学习比结果学习更重要，能够让组织经营和人才培养效果得到显著改善。
- 总结规律，要怎么总结？我们将举例说明总结规律的3个层次，总结得越深刻，效果越好。
- 总结完了规律，怎么落实到行为改进中？我们将介绍项目复盘画布中的SCS工具，包括原理和操作。

2.4.1　组织的进化：从结果学习到过程学习

组织要想可持续发展，离不开学习。知行合一，就是一边实践一边学习。在实践中，组织会有3种状态。

- 只关注业务，不关注学习。这种组织往往是昙花一现。
- 做完再学，萃取经验，制作成课程在企业内部传播。在经营环境稳定的时期，这种结果学习的方式是有效的。
- 边做边学，在战争中学习战争，仗打完了，人也成长了。在经营环境多变、组织快速成长的时期，这种过程学习的方式优势明显。

我创办了多家培训领域的独角兽公司，从业20余年来，看到很多优秀企业从结果学习转向结果学习与过程学习并重，甚至转向以过程学习为主。

下面以宝洁公司为例，分析企业从结果学习转型到过程学习的必然趋势。项目复盘中的"总结规律"技术，是企业实施过程学习中不可回避的方法。

在激烈的商业竞争中，企业的经验萃取、知识管理是持续发展的必要条件。如果研究企业经营，你会发现知识管理做得最好的，可能是宝洁公司，它能够在20世纪兴盛几十年，在日化领域奠定霸主地位，知识管理、结果学习发挥了很大作用。

宝洁公司倡导对已经完成的重点工作做经验萃取，进而在公司进行大量授课，通过这种结果学习，传播知识，培育人才。

知识管理，结果学习，是宝洁成功的一大法宝。下面通过介绍宝洁的知识管理流程（见图2-17），帮助你了解结果学习对业务的助推作用。

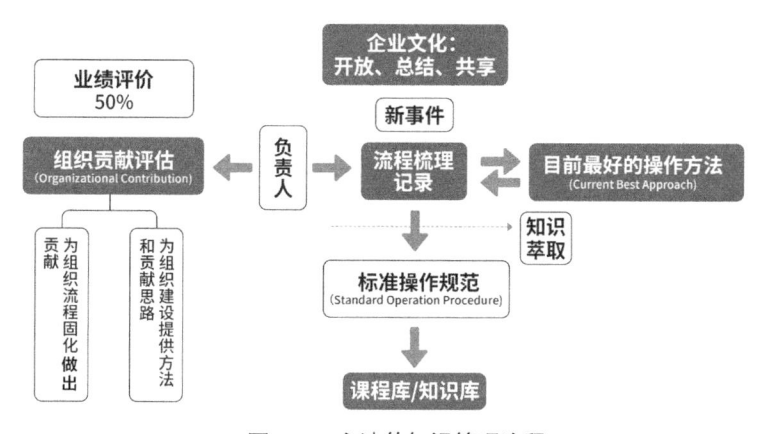

图2-17 宝洁的知识管理流程

怎样做好知识管理？首先组织要有一种开放、总结、分享的文化，而不是那种"我要藏一手，怕别人学了去，防内比防外更重要"的封闭氛围。基于这种文化，不断研究创新探索，整理最佳实践，梳理流程，萃取知识，提炼标准操作规范（Standard Operatien Procedure，SOP），把SOP从枯燥的文字变成鲜活的课程，形成课程库、知识库，在组织内部传播推送，方便员工随时查阅。

只有这样，组织随时产生的大量经验才能迅速沉淀成知识，并传播到每个人的大脑里。流程看起来不复杂，关键是要有开放的文化。文化怎么形成？除了要有组织导向，还要有机制保障。

以图2-17中的"组织贡献评估"为例。一件事情老板要求做，组织文化倡导做，但没有绩效考核，最终难以落实。因此，宝洁做得很彻底，一个负责人带领团队，业绩做得非常好，可能在全球数一数二，但绩效分最多50分，还有50分是组织贡献度。如果组织贡献度只有10分、8分，最终考核结果就会非常差，这是把知识管理、经验传承放到了极其重要的位置。

当然，这基于组织对业绩有充分的信心，不依赖个体，所以在知识管理上敢抓敢管。也只有这样的战略定位，才能保证知识不断沉淀、传承，在组织内部循环起来。

结果学习模式对宝洁的成功起到了至关重要的作用，它的知识管理机制成为很多企业竞相效仿的对象。

然而，随着时代的发展，学习模式发生了巨大的变化。曾经的成功不代表永久的成功。2000年之后，随着经营环境的剧变，宝洁所代表的业务模式、学习模式面临严重挑战，新的业务规则、学习方式快速重构，企业从以结果学习为主，过渡到"结果+过程"混合式学习，甚至是以过程学习为主。

市场不是一成不变的，进入互联网时代，大量直接面对消费者（Direct to Consumers，DTC）的品牌对宝洁造成了严重冲击，不断掠夺其市场，以致行业惊呼："宝洁正在被蚕食！"之所以能给宝洁造成如此严重的冲击，是因为DTC模式相对于传统营销模式拥有显著优势（见图2-18）。

第2章 项目复盘：项目复盘画布

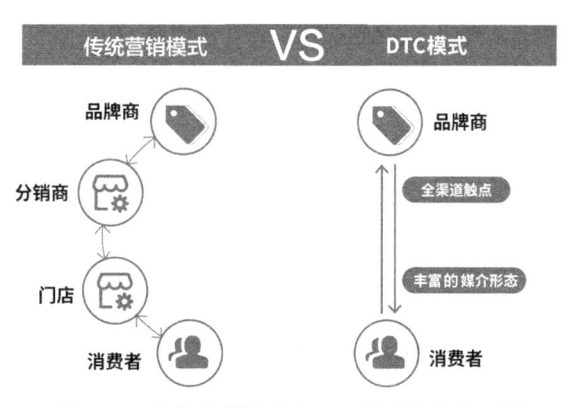

图2-18 传统营销模式与DTC模式的显著区别

传统营销模式需要通过分销商、门店触达消费者，而DTC模式有全渠道触点和丰富的媒介形态，两者的效率、成本完全不在一个层面。面对新物种，传统企业的研发、品牌、渠道优势荡然无存，许多商业常识被颠覆，如企业发展速度（见表2-6）。

表 2-6 2020 年 15 个官网流量增长最快的美国 DTC 品牌

排名	品牌	品类	年增长率	2020 年平均月访问量 / 人次
1	Youth To The People	护肤	874%	322 151
2	Nonda	车载智能设备	480%	220 776
3	Cuup	内衣	409%	252 903
4	Great Jones	厨具	401%	95 029
5	Liquid I.V.	功能性饮料	380%	394 486
6	Atoms	鞋履	349%	147 661
7	Jor Days	服饰	348%	58 446
8	Rowing Blazers	服饰	346%	104 994
9	By Humankind	个护	335%	144 915
10	Mented Cosmetics	彩妆	312%	430 772
11	Tea Drops	茶	308%	96 991
12	Misfits Market	果蔬农产品	250%	1 320 144
13	Function of Beauty	个护	246%	1 798 456
14	Thuma	床架	210%	116 422
15	Peloton	健身	206%	4 314 461

资料来源：SimilarWeb & RETAiL BREW。

从市场数据中可以看到，DTC品牌都呈现出极快的增长速度。例如，排第一位的Youth To The People年增长率达到了惊人的874%。在企业规模急速扩张的情况下，传统的学习模式还能不能跟得上节奏？

宝洁过去擅长结果学习，通过最佳实践研究出一门课程，再推广到全球，让大家学习复制。过去这种课程生命周期很长，可以反复讲，内容十年不变。结果学习模式让宝洁摆脱了对人的依赖，靠制度让组织健康运转。

但当大量对手拥有了十倍、百倍的发展速度，结果学习模式就显得节奏迟缓、反应迟钝了，不得不向"即学即用"的过程学习模式转变，这是商业环境变化带来的不可忽视的学习需求。

春江水暖鸭先知。我们做企业管理咨询，长期处于业务一线，近10年来，我们感受到企业对"边做边学、快速见效"的需求越来越强烈。

我们曾经给一家地产公司做经验萃取项目，客户期望很高，费用给得很足，我们对项目做了豪华版的老师配置。这是结果学习的典型套路，大家对此都很娴熟，2天的学习过程也很顺畅，我们觉得一定可以达成客户的预期。

但当各小组汇报经验萃取成果的时候，客户领导并不满意，点评很尖锐："你们的总结材料都是'正确的废话'。新项目、新楼盘拿着这些总结材料，就能马上学习成为标杆吗？我看还远远不够。"

虽然这是在批评和指导下属，但对我们所有人（包括老师）来说，都是一个极大的挑战。

一直以来我们做经验萃取和培训，都采用类似宝洁公司的模式来传播最佳实践和成功规律。但是，对于客户特别高的期望，如"员工经过培训即学即用，快速复制成功，成为标杆"，说心里话，事后经验萃取的模式是做不到的，难以达成这种高期望、高要求。

后来我们引入和研究行动学习、复盘，才恍然大悟：原来即学即用、快速复制，真的可以实现，客户这种看似苛刻的需求，真的可以满足。过程学习终于找到了可以落地的工具和技术。

随着过程学习模式在企业界的广泛应用，我们这样看待两种学习模式之间的关系。第一，经验萃取式的结果学习模式是有效的，它把经验、方法转化成文字、课件，方便员工学习，这是常态需求，将来也会长期存在。第二，员工要想真正学懂、学会业务规律，一定要参与过程，碰撞反思，改变思维；要想让自己的学习节奏要跟上业务的发展节奏，员工就必须边做边学，知行合一，做好过程学习。

过程学习比结果学习更重要，这是时代对企业的要求，项目复盘中的"总结规律"，就是一种好用、有效的过程学习。

2.4.2　总结规律的3个层次

外行看热闹，内行看门道。要获得成功者成功的精髓，需要琢磨过程中的规律，不能只看结果。总结规律的过程，就是团队赋能的最佳场域。

总结规律是一个渐进的过程，在使用项目复盘画布"总结规律"这个模块的时候，可能最初的总结还比较浅显，没关系，随着应用得越来越熟练，洞察会越来越深刻，总结的规律会越来越接近职场和商业的本质。

下面举例说明总结规律的3个层次。

第1层：总结知识和流程

很早以前，我们在常州有一名客户，老师带着对方做复盘，每月做，每周做，大家都很有收获。后来有学员对他们理解的复盘做了一个总结（见图2-19）。

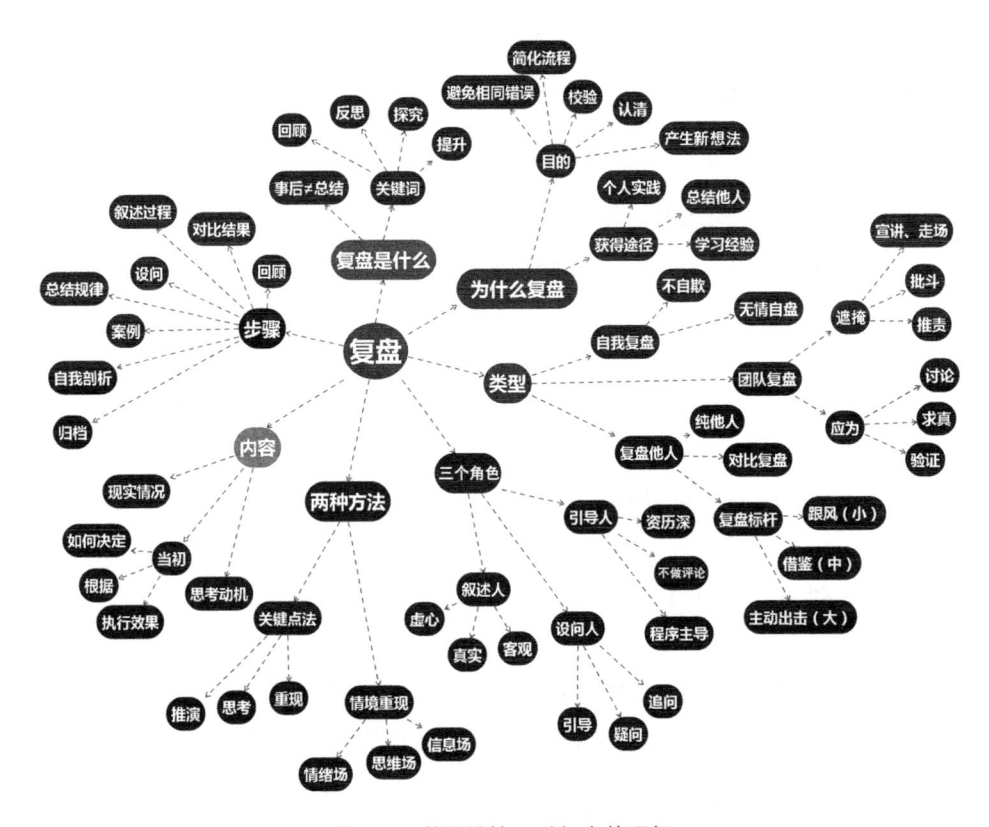

图2-19 学员总结：对复盘的理解

学员说："复盘使我成长。工作也好，生活也罢，都需要时时复盘。每天早上做计划，晚上复盘，及时回顾、反思、探究、提升，才能明白自己的得失，每天提高一点点，日积月累，才有大进步。"

看起来是不是很简单？要从字面上说，也没错，都是大道理。不过显然，这些学员对复盘的理解不只体现在这些字面上，而是经历了半年的奋斗历程，达成了业绩，也经历了很多故事，不过千言万语汇成一句话，就显得非常直白了。

管理一向如此，任何管理界的真理，都是人人皆知的普通道理。德鲁克说："问题比答案更重要。"这也算"正确的废话"，但如果和实践、感悟结合起来，就会威力无穷。

因此，在总结规律这一步，如果你或你的团队输出的规律是简单直白的，没有问题。我们强调的是以下两点。

- 要求真务实，不要故弄玄虚。从实践中来，有感而发；到实践中去，改善行动，这就是有价值的规律。普通人听不懂的规律，不是好规律。
- 要主动思考，不要机械执行。在工作中要用心、用力，自我驱动，不要简单重复，做工具人。有思考，有总结，有担当，总结规律的目的就达到了。

第2层：总结数据和套路

以山东的一名银行客户为例，我们用复盘工具帮助该客户一线团队快速提升业绩。过程中他们也要随时总结业务拓展心得和成功规律（见表2-7）。

表2-7 总结规律：总结数据和套路

上阶段值得总结的事件	客观规律
理财经理每天查看中高端客户资金变动情况，及时掌握中高端客户信息	对比未随时掌握个人中高端客户信息的周期，客户贡献率提高了15%
利用晨会时间对前一天的厅堂服务进行点评，最大限度地提升客户体验和满意度	快速准确服务好客户，会提升至少20%的客户满意度，进而带动有效客户增长
柜台开展网银、手机银行业务技能对抗，每日晨会点评业绩，提高激活率	在晨会中调度当日目标，比不调度目标的营销业绩高40%
及时跟进企业，获取信息，早日实现企业贷款投放	有效的计划安排、做好上下级沟通，可以提升14%的工作效率

下面来看规律是怎么总结出来的？

一线理财经理每天查看中高端客户资金的变动情况，及时掌握中高端客户信息。这是个关键事件，也是基本功。做好之后，得到了什么结果？通过数据监控分析，发现对比往期，个人中高端客户的贡献率提升了15%。之所以称其为"规律"，是因为这是一个直接和相对稳定的变化，是一个成功打法。

还有什么规律？在晨会中调度当日目标，比不调度目标的营销业绩高40%……我们发现，这些是非常精细的打法，只有深入一线才能敏锐地捕捉到这些信息，所以任正非说"在战争中学习战争""管理干部要背上背包上战场，边打仗边给一线团队赋能"。

实践如此重要，容不得浪费。一线团队只要时时总结，自我反思，就能够把正确的套路变成肌肉记忆，进而变成自己的思维模式，这比事后学习、向外部学习要有效得多。

这一层总结比第一层更加深入，有两个特点。

- 非常聚焦，具体到动作，效果确定，容易复制。
- 对工作的帮助有清晰的数据支撑，有可量化的衡量标准。

如果持续进行这样的规律总结，组织的效率一定会持续改善。

第3层：总结规则与原理

这一层的要求更高。我们有很多客户长期实施复盘项目，不仅快速提升了业绩、培养了人才，而且形成了深层的感悟，并将其固化为管理机制，让组织脱胎换骨，从常年落后变为常年先进。这种现象让人极其振奋，也验证了复盘这种管理工具具有以点带面、立竿见影的独特功效。

经营管理为什么能够改善？深层的原理是什么？复盘在哪些点上发挥了作用？

我们长期研究复盘，实施复盘，对这些问题也有了自己的认识和总结，下面分享出来，作为第三层"总结规则与原理"的示例。

经营管理改善的4个要点如下。

- 梦想还是要有的，万一实现了呢？
- 氛围是生产力。
- 管理是盯出来的。
- 人才是折腾出来的。

大部分企业的管理改善都可以从这4个要点上发力。我们结合企业管理"从战略到执行"的流程,把这4个要点串起来,做简要解读(见图2-20)。

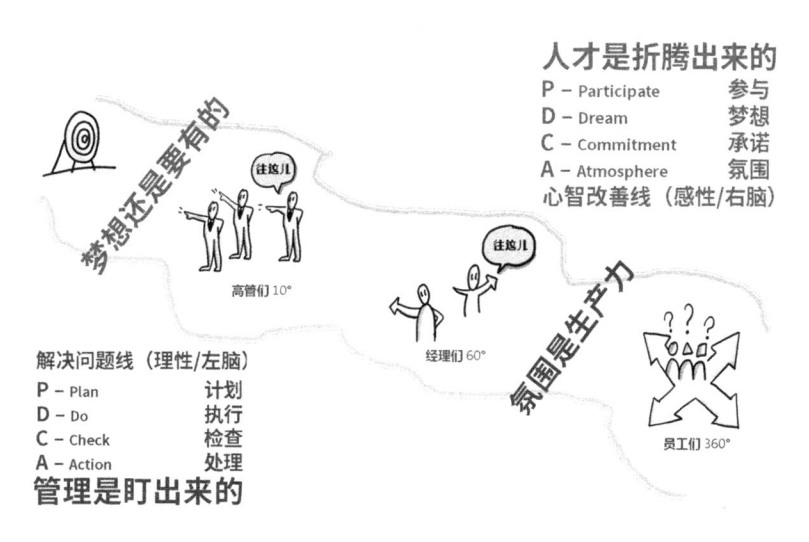

图2-20 从战略到执行,组织成功的4个要点

怎么理解?组织成功的第一步是要有梦想,有挑战性目标。正所谓:"梦想还是要有的,万一它能实现呢?"

有了挑战性目标,领导将目标向下传导,高层可能只有10°的分歧;传到中层经理,可能有60°的偏差;再传到员工层级,可能有360°的偏差。按任正非的说法,360°的偏差,就是在做布朗运动(物理学概念,指完全无规则的自由运动),毫无战斗力。

很多时候,高层对目标三令五申,管理机制也都有,但员工的大量行为和组织的要求并不吻合,所以必须有一套体系来做方向管理。这套体系的首要任务就是形成积极向上的组织氛围,氛围就是生产力。管理体系就像河流的两岸(图2-20中的左上角到右下角),它能让公司的能量顺畅地流动,从公司愿景传递到员工行为,使大家的能量不内耗,行为不散乱。

在管理过程中,需要持续解决问题,这是PDCA流程,所以说,管理是盯出来的。

但管理光有左脑的理性肯定不行，还要有右脑的感性，用理性做分析，解决问题；用感性做决策，改善心智。在改善心智的过程中，也有一个PDCA流程，名称一样，内涵不同，在此不展开叙述了。我们总结了一句话：人才是折腾出来的。

以上是我们说的第三层：总结规则与原理。

这3个层次是我们在项目复盘中总结规律时，从浅到深的进阶。不管总结到深层还是浅层，都是有意义、有价值的。团队在进行过程学习的过程中，随着工作的推进，大家的认知不断加深，心智不断改善，团队不断成长。

了解了总结规律的3个层次，我们有两个观点向大家强调。

第一，规律来自实践，用于实践。规律要从大量管理实践中总结出来，并能够指导后续行动。源于实践的规律是真金，凭空臆想的规律是空话。在总结规律这件事上，要求实，不要务虚。

求真务实的规律由于高度提炼，因此文字比较简单。没有关系，真理总是披着朴素的外衣，要透过这件外衣看到它对改善行动的价值。

第二，最好的训练场是总结规律的现场。人们常说："纸上得来终觉浅，绝知此事要躬行。"拿一页纸、一节课去教学员，学员不见得学得会，可能左耳进，右耳出。人们不一定相信他们看到的、听到的，但一定会相信他们体验到的。尝过甜头，吃过苦头，立刻总结规律，才能真正做到"吃一堑，长一智"，才能把相应的知识、技能变成肌肉记忆。如果只肯打仗，却不做复盘，就对不起自己曾经吃过的苦。

因此，要赋能团队，提升团队的能力，在过程中学习，比在结束后学习要好；让人们自己反思，比别人告诉他们要好；小中见大，总结规律，系统思考，比就事论事、自我局限要好。端起枪打仗，放下枪总结规律，这是训练铁军的最佳方法，也是复盘的魅力所在。

2.4.3　总结规律后的行动落地：SCS 工具

只有来源于实践、应用于实践的规律，才是好规律。总结规律之后，一定要将规律落实到后续行动之中。后续行动分成3类（见图2-21）。

需要停止的行动 (Stop Doing)	需要继续的行动 (Continue Doing)	需要新增的行动 (Start Doing)
简化	聚焦	复制

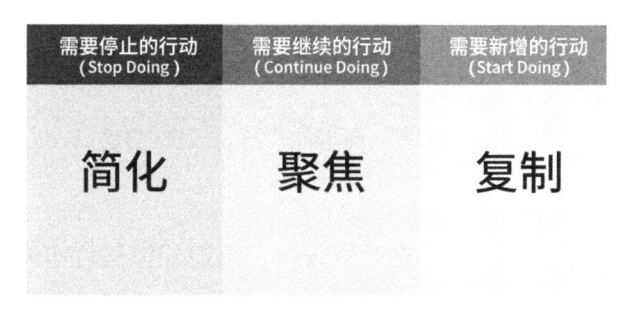

图2-21　后续行动的分类

- 简化：少就是多，第一步不用想"我要做什么"，而要想"我不做什么"。头脑清醒，守住边界。
- 聚焦：做得好的，继续坚持，明确定位，把时间花在最重要的事情上面。
- 复制：新增的行动不是随意增加的，它可以包含一些创新、探索，但更主要的是学习复制，复制自己的成功、伙伴的成功、外部竞争对手的成功，迅速落地。

简化、聚焦、复制是后续行动的思想主线，我们将其简称为SCS。

关于聚焦和复制在前面讲得比较多，实际上，简化也是成功经营不可或缺的思想，知道不能做什么和知道要做什么同样重要。

举个例子，段永平在商业投资方面取得了很多成功，人称"段菲特"，是一个有大智慧的人。段永平1999年把步步高的业务拆分成3个板块，后来发展成为小天才、OPPO、vivo 3家公司，这3家公司的总经理都是由原来的步步高高管担任的，也都做得很成功。段永平总结自己的管理经验，认为核心是"不为清单"（Stop Doing List）（见表2-8），就是说不要碰"雷区"。

表2-8　段永平的"不为清单"

企业管理（OPPO / vivo）的 Stop Doing List
没有销售部（因为不需要谈生意）
不单独和客户谈价钱（所有客户一个价，节省了双方非常多的时间和精力）
不代工（代工的产品没有多大的差异性，很难有利润）
没有有息贷款（永远不会倒在资金链断裂上）

企业管理方面的"不为清单"有4项内容，OPPO、vivo及其他公司基本延续了这些原则。

- 没有销售部。你只需要把产品做好，渠道和你是合作关系，你不需要销售部。
- 不单独和客户谈价钱。所有客户都一个价格，大家不用磨。一个客户一个价格，看起来很聪明，实际上浪费大量的时间。
- 不代工。在电子行业，做代工是非常普遍的事情，看起来能够保障稳定的产出和收入，但产品没有差异化，就不可能有好的利润，就没有办法支撑持续发展。
- 没有有息贷款。大部分企业都垮在资金链上，包括在新冠疫情期间，一些地产公司经营困难，都是在资金链上栽了跟头。当然，每个企业的做法都不一样，这些选择与企业的特性也有很大关系。

这是段永平在企业管理方面的"不为清单"。每个人的不为清单可以不一样，但一定要有这种思维。第一步不是想自己要做什么事，而是想不能做、不该做什么事。这是一种大智慧。

SCS在实际复盘中怎样应用？下面通过一个案例来展示它的应用过程。

这个案例来自一家高端女装上市公司，该公司通过复盘取得了优异的成绩：原本全国排名垫底的业务大区很快攀升到全国排名第二。

其中一个团队在复盘总结规律后，把后续的SCS行动清单罗列了出来（见表2-9）。

第2章 项目复盘：项目复盘画布

表 2-9 业务团队在月度复盘中的行动清单

需要停止的行动 （Stop Doing）	需要继续的行动 （Continue Doing）	需要新增的行动 （Start Doing）
1. 奖罚激励制度抽查 （停止原因：店铺都能100%实施） 2. 未达成共识并纳入策略的其他行动	1. 落实行动计划 2. 提高技巧促销售 3. 深度维护VIP 4. 树标杆复制人才	大型活动跟踪

- 需要停止的行动。奖罚激励制度抽查不做了。为什么？因为经过多次抽查，发现各门店都做得很好。那就尽快调整，不要在不产出价值的事情上浪费时间。另外，将"未达成共识并纳入策略的其他行动"停下来。

  一个常见的问题是，大家每天都有很多创意，忽然之间，某个人就有了新想法，那要不要做呢？

  在第1章，我们用团队共创画布总结了OPPO和小米不同的经营风格、经营策略。当OPPO专注于拍照手机的时候，有没有遇到类似的干扰？有没有听到不同的声音？"对手小米做渠道做得很好，我们要赶紧学……粉丝活动做得很好，要学……"可以学习，但先扎扎实实做好自己，自己的路径一定要清晰。

  创新不能随意，要有方法，有节奏，和经营主线有结合点；有了好想法，要达成共识，纳入团队整体方案之后，才能付诸行动。每天都有伟大的创意，那还怎么行动呢？OPPO、小米成功打响品牌之后，也在很多地方互相学习，但它们的主线始终非常清晰。

- 需要继续的行动。经过验证有效的行动要继续实施，这里主要列出了4项，也都有对应的行动计划。

- 需要新增的行动。门店促销活动是销量的主要来源，但此前没有把这一块纳入考虑，或者说有门店在零星地做，但没有统一规划和策略，需要补上。

一线团队做复盘，每天、每周、每月都在琢磨这些策略、行动，达成共识之后，一起发力，做到位。

具体的行动需要对应具体的行动计划，如表2-10所示。

表2-10 SCS中"需要继续的行动"对应的具体行动计划（部分）

策略	开始时间	结束时间	行动步骤	衡量标准
落实行动计划	5月1日	5月30日	1. 每周不定时抽查店铺一名员工，检查目前店铺及个人业绩达成情况，以及商场目前排名及个人附推值 2. 抽查当日反馈检查结果，上报行动计划群	增强员工目标感，100%掌握指标进度
提高技巧促销售	5月1日	5月30日	1. 每周不定时抽查各店铺货品五大项 2. 每周抽查各店铺主推款掌握及销售情况（200件以上自定款定量） 3. 抽查当日反馈检查结果，上报行动计划群 4. 对不合格员工次日再次抽查，跟踪反馈	1. 员工货品五大项95%掌握 2. 办事处主推款100%达成
深度维护VIP	5月1日	5月30日	1. 每周不定时抽查各店铺的预约真实性（将预约短信和电话记录拍照片上传） 2. 收集各店铺VIP客户维护的亮点及成功案例，提炼后在行动计划群分享 3. 检查当日反馈检查结果 4. 每周一召开微信会议，进行反馈、总结、分享	1. 预约真实性100% 2. 复购率达60%
树标杆复制人才	5月1日	5月30日	1. 5月12日再次提炼标杆亮点，分区域重新分享学习 2. 5月16日抽查各店铺员工分享后的心得、收获及运用，并对店长进行反馈跟踪，收集成功案例 3. 每周一召开微信会议，分享成功案例及再次跟踪反馈	1. A类：大连×××附推值达2.2 2. A-类：阜新×××附推值达1.5；葫芦岛××附推值达1.5；丹东×××附推值达1.4

在表2-10中,针对"需要继续的行动"在5月细化为哪些操作步骤,列出了一部分重点内容,有时间约束、步骤、衡量指标、细化程度。就是要倒逼团队思考,把达成目标该想的要点都想清楚,不要因为思想的懒惰而使行动计划变成空谈。

宝洁、华为、OPPO、小米等企业都有清晰的定位和策略。这些策略在层层落地的时候,又有详尽的行动计划。在我们的复盘项目中,项目整体的大团队一般每月做一次复盘,小团队每周做一次复盘。要形成复盘习惯,更小的单元,如每天的晨会、夕会,也是一种复盘。高层战略清晰,基层落实到位,这是成功组织的两个鲜明特征。

"需要新增的行动"也要细化(见表2-11)。

表 2-11　SCS 中"需要新增的行动"对应的具体行动计划

策略	开始时间	结束时间	行动步骤	衡量标准	原因
大型活动跟踪	5月1日	12月31日	1. 每月3日前各门店店长上报本月活动具体时间及活动内容 2. 根据活动细则及时检查反馈	促进活动指标100%达成	梳理店长活动实施步骤,思路清晰,最终有效达成指标

在表2-11中,新增的行动为"大型活动跟踪",从5月开始到年底,每个门店的活动每个月都要上报,做整体规划协调和效果跟进,活动指标要100%完成。活动是营销的关键,这里补上了一个漏洞。

以上是总结规律、落实行动的部分,以及SCS工具的操作演示。案例中的项目团队借助复盘,用了半年时间就实现了业绩排名的逆袭。

本节介绍了经典的复盘工具:项目复盘。这里做一个小结。用一张画布把项目复盘的4个步骤串起来,包括回顾目标、评估策略、反思过程、总结规律。

- 回顾目标。项目复盘是过程管理工具,一定要死磕目标,记得提4个问题。

- 这个目标的意义是什么？
- 这个目标有激励性吗？
- 这个目标可以分解为哪些指标？
- 这个目标获得员工的承诺了吗？

- 评估策略。高手一定是有套路的，套路好不好，要用5个标准来衡量。
- 反思过程。在实施的过程中，要不断地抠细节。亮点是什么？成功能不能持续复制？不足之处在哪里？是否会被同一块石头绊倒？如果时光倒流，是否可以应对这个变化，而不是被动接受？要不断研究标杆，复制成功。
- 总结规律。总结规律，需要萃取经验，但光有文字还不够，更重要的是在过程中实践、自我反思，形成洞见，再落实到行动中。规律很重要，知行合一更重要。形成PDCA闭环，就能真正实现提升。在行动层面，聚焦有效策略，随时补上漏洞，所有行动都扎实落地，不空谈。

项目复盘中的"项目"是一个广泛的概念，严格立项管理的是项目，重点工作、重点课题是项目，月度工作、半年度工作、全年工作也可以被视为项目。对这些重要工作做复盘，其中的逻辑是一致的。只要提炼规律，付诸实施，就能真正做到"吃一堑，长一智"。

2.5 复盘演示：用项目复盘画布复盘国乒奥运军团

学完项目复盘画布，我们希望用一个公共事件进行模拟复盘，以帮助大家熟悉这个工具。之所以选用公共事件而不是个性化案例，是因为大家都熟悉公共事件的背景及过程，这样大家才可以站在共同的起点，练习复盘工具的使用方法。

有人觉得复盘仅能用于自己，这一观点其实有失偏颇。对他人复盘与自我复盘之间并没有本质的区别，复盘所需要的大量基本信息，如目标、策略、过程、规律，公共事件都可以提供，大家有共同研讨的基础。同时，对他人复盘是一种结构化的学习，有助于透过现象看本质。

不管对他人还是对自己复盘，其本质都相同。我们借助公共事件做演示，后续如果需要自我复盘，相关方法都可以套用。

凡有大事必复盘。2021年东京奥运会是国际大事，值得大家细心揣摩，从中吸收营养。其中中国乒乓球队成绩亮眼，为中国体育代表团贡献了4金3银。下面就来复盘一下中国乒乓球队的成功。

中国乒乓球队的成功说明，对一流团队来说，复盘是一项基本功。

中国乒乓球队在复盘方面非常厉害，刘国梁在获得CCTV"最佳教练奖"之后发表了一番获奖感言："能够得这个奖，要感谢两种人，一种是平时折磨我的人，还有一种是被我折磨的人。"这是自我调侃，也是对成功方式的精准提炼。

中国乒乓球队每逢大赛必定复盘。在2015年的苏州世界乒乓球锦标赛中，中国乒乓球队获得了多个项目的冠军。当晚球队返回北京，第二天一早8点就开始复盘。在这次比赛中，有队员受伤严重。在第二天的新闻报道中，人们看到，在复盘会议上，受伤的队员并没有在医院躺着，而是趴在按摩床上，坚持和团队一起及时总结、汇报。

这是不是太过分了？《刻意练习：如何从新手到大师》一书给出了答案：快速成长的一个要点就是"走出舒适区"。大多数人都是好了伤疤忘了疼，如不及时总结成功的经验，不在记忆最深刻的时候把教训总结、传播出来，这个"学费"就白交了。因此，必须趁热打铁，及时复盘，这样才能真正"吃一堑，长一智"，不浪费自己的汗水与辛劳。走出舒适区本身就是复盘的核心思想之一。

2.5.1 回顾目标：目标只是一个简单的数字吗

中国乒乓球队参加奥运会的目标是什么？有人会说："这个目标还用回顾吗？肯定是拿冠军啊。"

不一定，任何一个重大事项，目标都一定不是单一的，要把这个目标的前因、后果，甚至延伸的内容都做一个剖析。这里会用到之前讲过的目标分析工具：上堆、下切、寻因、问果"四维提问法"。

第1问：问事因

中国乒乓球队的目标看起来很简单：拿冠军。但我们偏要较个真，问一个问题：为什么要拿冠军？原因是什么？原因是要为国争光，也包括获得个人名利，实现自我价值。在目标背后，有多重激励因素，它驱动一个人在过程中不懈地努力，保障目标能够更好地达成。既然这种激励如此重要，那它在目标中怎么体现？我们把它归入"寻因"，就是为了挖掘目标背后的激励因素（见图2-22）。

寻因（事因）	上堆（使命）
为国争光 个人名利 实现自我价值	
问果（结果）	**下切（承诺）**
冠军	

图2-22 寻因：冠军目标背后的激励因素

"寻因、问果"是从左脑（理性角度）对目标做客观冷静的分析。但一个激动人心的目标，不仅有理性的支持，也有感性的支持，需要从多角度分析。在回顾目标这一步，"上堆、下切"是偏右脑、偏感性的分析角度。

第2问：问使命

向上、向外，从更高的维度探询使命。重要的目标一定和组织使命、个人使命相关联。中国乒乓球队参加奥运会带着什么样的使命？"弘扬奥运精神，弘扬爱国主义"，这一使命是参加奥运会的意义和价值，也是回顾目标的重要组成部分（见图2-23）。

寻因（事因） 为国争光 个人名利 实现自我价值	上堆（使命） 弘扬奥运精神 弘扬爱国主义
问果（结果） 冠军	下切（承诺）

图2-23　上堆：使命牵引目标

使命感对人的影响非常大。在东京奥运会男子跳水项目中，中国跳水运动员曹缘、杨健分别获得10米跳台的冠亚军，这是很好的成绩，但亚军杨健可能对结果有太高的期望，颁奖时略显失落，表情管理有些不到位，结果在网上引起了很大的争议。可见大众的关注点都不在个人的"小我"，甚至不在单纯的名次、奖牌，而是更宏大的爱国主义、奥运精神。这种社会共识、强烈的情感，深深地烙在每个人的心里，影响人们对目标的理解和达成，在回顾目标的时候不能忽略这一点。

既然使命感、价值感是目标的一部分，作为教练，肯定要做好管理和引导，要有相应的动作。那么，刘国梁教练是怎样做的？可以通过一个细节来观察。

陈梦、孙颖莎晋级女单决赛，中国乒乓球队提前锁定金牌。赛前，刘国梁教练展开一面中国国旗，对两位选手说：

"打完之后，因为只有你们两人在场内，袁大夫带着国旗，他会在第一时间把国旗递给冠军，冠军展开国旗，你们拥抱一下，拥抱自己的姐妹，两个人共同展开国旗，因为这块女单冠军是属于你们两个人共同的荣耀，好不好？

"这是你们最幸福、最荣耀、最自豪的一刻，希望你们好好享受比赛，既是为国争光，同时也能实现自我价值，赢了要坦然面对，输了也要积极面对。都是一家人，都是中国队，好不好？

"所以我跟你们俩同时说这话，两人一起努力！在庆祝完之后，第一时间要紧紧地团结在一起，来展示中国乒乓球队集体的力量。记得展开国旗，我们在上面看你们的精彩表现，加油！"

为什么说刘国梁是一名伟大的教练？为什么中国乒乓球队能够成为长盛不衰的团队？从上面的例子中可以看出，教练不仅看到了目标的表面，还看到了目标深远的意义和宏大的价值，并且适时引导和激励，激发球员的能量，这是团队成功的一个重要因素。

第3问：问承诺

让我们在回顾目标这一步继续深入。一个伟大的目标，不仅需要激励，还需要约束和承诺，拉力和推力都不可缺少。使命是牵引，承诺是推动力。在企业中，管理者会和员工签署承诺书、军令状，通过仪式做推动。在奥运会这样的赛事中，运动员有强烈的使命感做牵引，有多种激励因素做保障，也需要有承诺做约束。下面再通过一个细节，看看刘国梁教练在男单决赛前对球员的讲话中是怎样引导球员对行为做出承诺的。

（东京奥运会男单决赛，中国队马龙vs樊振东，提前锁定金牌。）

祝贺两位打到决赛，这是你们的巅峰时刻！希望你们享受比赛。最重要的，第一，我们代表的是中国队，要展现中国队的水平和精神风貌；第二，注意赛风赛纪，尊重对手，尊重裁判，拿干净的金牌，不仅要赢得金牌，还要赢得尊重，赢得人心，这比任何东西都重要。不要在场上出现不和谐的声音。毕竟咱们都是兄弟，都是一起为国争光，身后还有团队。好，能不能做到？

你们不仅是为自己而战，更是为了展示中国的形象，展示中国乒乓球队的光荣传统和团结精神。加油！

作为管理者，必须把承诺、自律作为重要的目标。

第4问：问结果

前文我们回顾目标，深挖目标达成所需要的各种潜在条件，并进行上堆、下切、寻因、问果，现在回到结果性目标——"拿冠军"。如果要细化这个目标，有没有什么方法？

此前讲到一种工具——"平衡计分卡"，它把一个目标系统化地拆分为财务目标、客户目标、流程目标和学习目标。结合东京奥运会中国乒乓球队的这个案例，可以对"拿冠军"这个总目标做相应的细分（见图2-24）。

寻因（事因）	上堆（使命）
为国争光 个人名利 实现自我价值	弘扬奥运精神 弘扬爱国主义
问果（结果）	下切（承诺）
冠军 财务目标：金牌数保3争5 客户目标：上级、国民、协会 流程目标：技术传承、发展 学习目标：人才培养	自律

图2-24　"下切"获取承诺，"问果"细分目标

- 财务目标。金牌数保3争5，这是在数据层面的体现。
- 客户目标。上级有什么要求？国民、协会有什么期望？包括体育局，甚至国际乒乓球联合会。国际乒乓球联合会的需求，是发展和繁荣乒乓球事业，如果中国一家独大，拿完所有金牌，好像对整体繁荣也有影响。我们自己说保3争5，真的要去争5吗？这里面有很矛盾，如果我们包揽所有金牌，可能国际乒乓球联合会这名"客户"还真的不满意。
- 流程目标。除了拿冠军，还要引领技术发展的潮流，传承优秀技术，也包括追赶和突破我们相对短板的技术。
- 学习目标。锻炼和培养人才，在战争中学习战争，通过大赛，把领军

人物"打出来"。

通过以上分析可以看到，在回顾目标这一步，不是看单一的点，而是通过深挖，把目标背后的激励、动机、承诺、评价标准细化下来。将整个框架想清楚了，达成目标的可能性就大大增加了。要深挖目标，有一系列的工具方法。在回顾目标的时候，只有把这些工具方法用到位，把关键点抓到位，这一步才能做得扎实。

深挖目标之后，把目标列出来（见图2-25）。打完比赛之后，再对这些细分目标的达成情况打分。

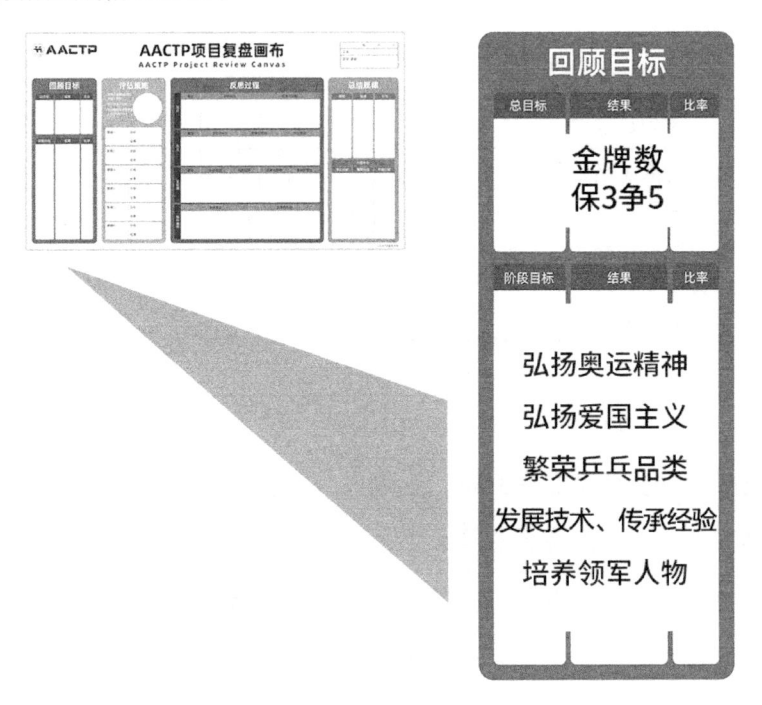

图2-25 项目复盘画布第一步：回顾目标

例如，"弘扬奥运精神"这一项，如果满分是10分，能打几分？整个团队在比赛中是不是做到了精诚合作？还是说唯金牌导向，过度竞争，甚至导致内部不和谐？"繁荣乒乓品类"这一项能打几分？如果拿了5块金牌，会不会这项反而拿不到满分，甚至别的国家不愿意参加了，国际奥林匹克委员会把这个项目撤了？这些都是要考虑的因素，通过打分，可以对目标做全面系统的回顾评价。

2.5.2 评估策略：铁军是怎样带出来的

回顾了中国乒乓球队的目标，再来评估策略。所谓策略就是组合拳，要有套路，组织的成功一定要有章法，而不是仅某个点厉害。下面来看一下国家乒乓球队长盛不衰的"套路"在哪里。

严明纪律

东京奥运会结束后，央视《王牌登陆》栏目采访中国男子乒乓球队，队员们在节目现场服装、口罩、坐姿、手势整齐划一。组织对着装可能有要求，但对细节未必有要求，由此可以看出整个团队训练有素，以及长期训练带来的严明纪律和默契。

央视体育频道曾经播放了一段颇有娱乐性的纪录片——《陈玘下乡记》。陈玘是中国乒乓球队的一位优秀队员，球技很好，但脾气火暴，曾经"三进国家队"。第一次被选入国家队才18天，因为输球摔球拍，被赶回了省队。第二次进入国家队后，又因为凌晨归队违反纪律，被国家队劝退。因为人才难得，他才有机会第三次回到国家队。后来有一次和同队的王皓比赛时输球，陈玘摔球拍，踢挡板，队里罚他下乡养猪，磨炼心性。陈玘养猪养了一个星期，效果很好，回来之后性子沉稳多了，这件事情也被队里当作一个典型案例。

教练的手法五花八门，对人性、对教育了解透彻之后，惩罚、奖励，很多手段都可以用，只要发心是善的，最终就能得到好的结果。

爱护队员

刘国梁爱护队员，他有一个习惯性动作，那就是在球员获得冠军之后，拥抱、亲吻球员，有的球员会有点不好意思，刘国梁也经常被调侃。

有次刘国梁参加《吐槽大会》，他自我吐槽："我为什么要亲球员？他们拿了冠军,我要买东西奖励一下,我的工资不够买,所以我亲一下,也算有所表示了,可以省下买礼品的钱。"

虽然是自我调侃,但大家都能感受到刘国梁对队员的深厚感情。

残酷竞争

东京奥运会前,深圳举行了名为"地表最强12人"的世乒赛直通赛,赢者将获得奥运会参赛资格。比赛全程直播,公平公正,重奖冠军。赛后,中国乒乓球协会主席刘国梁为男单冠军樊振东、女单冠军陈梦各颁发了100万元奖金。什么叫残酷竞争?拿中国冠军比拿世界冠军还要难,还要艰苦,只有通过战火考验的选手,才能在世界大赛上发挥中流砥柱的作用。相马不如赛马,通过这样的竞争,可以让大家调整节奏,适应大赛氛围。

沉浸式训话

东京奥运会期间,网民总结出一个热词,叫"沉浸式训话"(见图2-26),它是一种教练动作。这个词具体是什么意思呢?

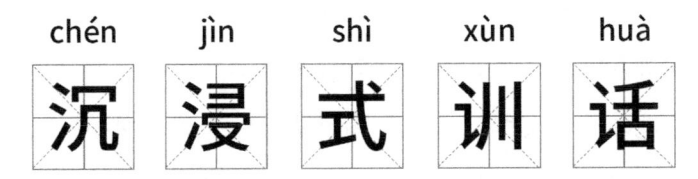

chén　jìn　shì　xùn　huà
沉　浸　式　训　话

释义:东京奥运会上,在乒乓球女团/男团决赛前,刘国梁给即将登场的队员们做动员,金句频出。"沉浸式训话"也被称为"沉浸式凡尔赛"。

图2-26 沉浸式训话

刘国梁的"沉浸式训话",也被称为"沉浸式凡尔赛",下面来感受一下。

(刘国梁战前动员)

他赢不了上一代,赢不了下一代,更赢不了这一代!

把张本智和、林昀儒、奥恰洛夫——你们觉得难打的,全拽过来,他们依然没有信心。

我们一直是赢的一方、主动的一方，把刀拿起来，心里的刀磨快了，先下手为强，后下手遭殃，这是根本的法宝。

他们要能赢中国队，他们十几年前就赢了。他们赢不了以前的中国乒乓球男队，更赢不了现在的中国乒乓球男队。现在的你们，是最强、最成熟、最全面、最有特点的一个团体，左右手都有，直横板都有，两面的、单面的都有，他过得了一个人，过不了两个人，我们是最佳阵容！

刘国梁真是好口才。作为教练，给队员提升士气是一种技能，刘国梁在这方面做到了极致。

坚持复盘

怎么复盘？从上文的一系列行动策略中，可以感受到刘国梁带领中国乒乓球队，把复盘当作一个极其重要的管理工具。再往下深挖，他们不仅给自己复盘，还给对手复盘。

国人对中国乒乓球队有一句调侃的话："千万不要引起中国乒乓球队的注意。"在2017年乒乓球亚洲锦标赛上，日本选手平野美宇异军突起，接连战胜中国队的丁宁、朱雨玲、陈梦，获得女单冠军。平野美宇赛后对中国乒乓球队颇为不屑："中国队也不过如此，以后我要常拿冠军。"记者采访刘国梁教练时，刘教练说："首先恭喜这位小姑娘拿到冠军。然后，你成功地引起了我的注意。"言下之意，平野美宇的打法后续会被中国乒乓球队进行有针对性的复盘。此后，平野美宇在面对中国乒乓球队时屡战屡败，直到东京奥运会，她已经连续输给中国乒乓球队17次，连中国乒乓球队的非主力队员都打不过了。日本媒体曾经报道，平野美宇说她开始讨厌打乒乓球了。

此外，还有新加坡的冯天薇、日本的伊藤美诚，都曾经击败中国乒乓球队，拿过世界冠军，但在中国乒乓球队进行针对性复盘、调整之后，这些选手昔日的胜绩终成昙花一现，以至于"千万不要引起中国乒乓球队的注意"成为很多球迷的口头禅。而中国乒乓球队从一败到连胜，其中的关键就是复盘。媒体评价，中国乒乓球队之所以如此强大，除了因为拥有一群有天赋的运动员，还因为拥有几位具备顶尖水平的教练和训练方式，令对手望而生畏。

复盘不仅要"复自己"，还要"复对手"，这就把经验提炼和趋势预测做到了极致。

传承精神

优秀的团队一定要有精神。东京奥运会后刘国梁曾经对全队做过一次总结，下面看看他是如何传承这种精神的。

我们的球队表现非常好，我非常感动。特别是第一局混双输了之后，大家顶着巨大的压力。

球队的压力可能只有我们自己知道。为了捍卫国球的荣耀，大家拼了5年，很多巨大的压力是常人不可想象的，但是我们咬牙做到了。

当时我跟大家说，我们是一支能打大仗、恶仗的队伍。这是中国乒乓球队参加奥运会以来最困难的时刻，第一局混双就已经输了，后面4局还没有打。这会儿就需要英雄站出来，就看谁能站出来。后面在女单和男单的比赛中，我们球队的士气发生了扭转，这里面尤其要表扬孙颖莎，她在面对伊藤的时候打了一个漂亮的阻击战，使球队的士气得以迅速提升。

刘国梁讲这些的时候，眼含热泪。不要觉得中国乒乓球队拿冠军很容易，那只是误解。早期的世界乒坛，中国男队曾经输到全军覆没，在中国乒乓球队的巅峰期，失败也没有断过。马龙曾经在一次采访中说："大家觉得中国乒乓球队赢球是正常的，那是他们不了解我们的训练，为了比赛常年备战，就是这样的努力，也才能获得微弱的优势。"

所以每场比赛、每一分都非常关键，很多时候输赢就在一分之差。在关键点上，英雄站出来非常重要。有没有勇气决定了不同的结局，或者是势如破竹，或者是兵败如山倒。大家都是专业运动员，比到最后，可能就是在拼精神。对精神的传承，也是一名伟大教练的核心能力。

以上是我们对中国乒乓球队夺冠策略、套路的复盘。除了回顾，还需要把这些策略列出来（见图2-27），对重点项目做评估，看看自己做得怎么样，能打几分。

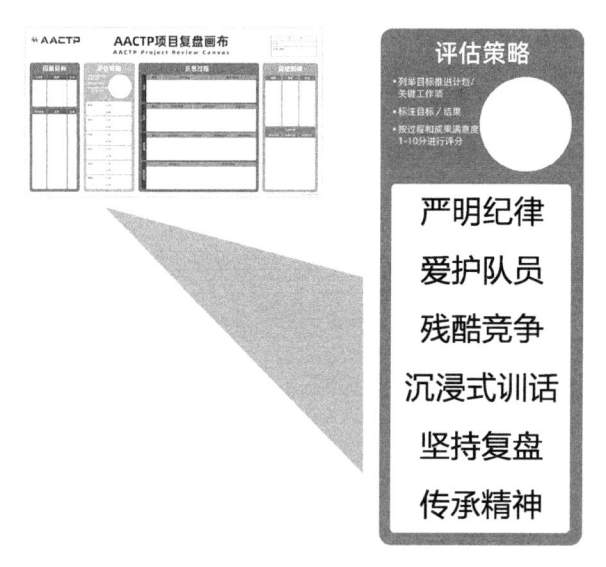

图2-27 项目复盘画布第二步：评估策略

2.5.3 反思过程：全局得失，如何运筹

评估完策略，进入过程分析这一步。对全盘的关键点要反复去抠，看影响成败的局点在哪里。

亮点：孙颖莎横扫伊藤美诚。前面我们说"势如破竹"和"兵败如山倒"，两者在过程中的差异未必很大，决定成败的关键点往往就一两个。在东京奥运会的乒乓球比赛中，孙颖莎就是其中一个关键点。

第一块金牌丢了，形势非常危险，对方气势如虹，咄咄逼人。这时候，中国乒乓球队中最年轻的一位小将——孙颖莎站出来了，横扫伊藤美诚。怎么横扫？打了一个4∶0，第二局在比分为3∶9的时候，孙颖莎顶住压力，最终将比分逆转成11∶9。刘国梁赛前是怎么指导的？下面来看一下。

她是日本队的1号，你在中国队中是最年轻的，派你去不是为了抓她，而是为了拼她。她的球超不出你的范围，不用把对手想得太复杂。她要有招早就有招了，她要没招那就没招。就是一条路，冲！杀！拼！搏！进攻，坚持进攻，疯狂进攻！我们在各个方面都完胜对手。

大家能够看到在这个过程中教练的动作和作用。

亮点：樊振东险胜奥恰洛夫。樊振东是中国男乒的一个重要人物，球技很厉害，但霸气不够，他在混双失利的这个关键点上也站出来了，连续落后，连续追赶，最后实现从比分1∶2到3∶2的超级逆转。他在第4局救起一个擦网球，然后越打越猛，彻底翻盘，看起来好像是靠运气，但又不完全是靠运气，而是他平时功力的体现。更重要的是他始终充满斗志，从头拼到尾。哪有什么常胜将军？只不过是每局都在拼命而已。

以上两个可以说是显著的亮点。再看不足。

不足：出师不利丢混双首金。首金丢掉，对手气势大涨，咄咄逼人，中国乒乓球全队面临前所未有的压力。怎么办？

变化项：女团临阵换将。让王曼昱替换刘诗雯，这是一个非常困难的决定。能参加奥运会的，都是久经沙场的名将，还经过了激烈的内部竞争，因为一场比赛失利被换下来，对个人来说的确是很大的打击。但教练组的决策一定是经过再三考量的。在这个关键时刻，刘诗雯在大赛中的霸气可能确实有所欠缺，所以教练组不得不做调整。大家看到，调整之后，女团轻松地横扫对手，拿到了冠军。如果坚持让刘诗雯上阵，可能也能拿到冠军，但风险可能会大一点。因此，作为教练，必须有所决断，清楚地了解每个亮点、不足，在关键点做到位。

标杆案例：略。因为项目复盘画布中的标杆案例指的是向外看，值得借鉴、复制的标杆，在本案例中暂时不涉及，因此先略过。在实际应用项目复盘画布时，并不是每个空格都要填，而是要根据实际情况做选择。

我们一边讨论分析，一边填写项目复盘画布的"反思过程"部分。在实际应用时，按照项目复盘画布的细节要求，讨论和填写会更细致和具体（见图2-28）。

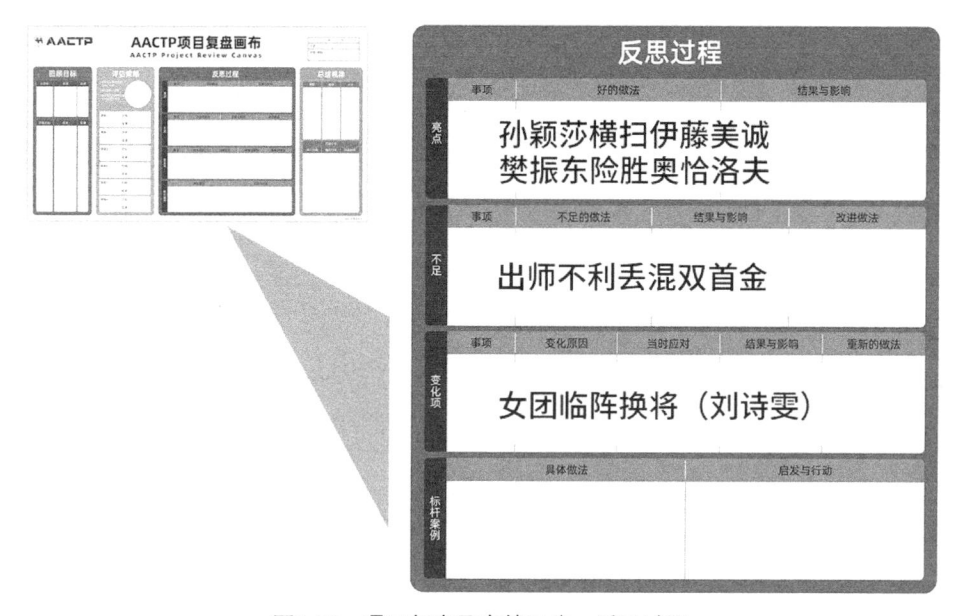

图2-28　项目复盘画布第三步：反思过程

整个乒乓球项目的比赛实际上有很多细节，我们从中摘取了部分信息进行讲解，目的是帮助大家了解项目复盘画布每个步骤的意义及使用方法。

2.5.4　总结规律：让一次成功变成持续成功

项目复盘的第四步是总结规律。

人们在日常工作中有持续的思考，在复盘这个时间点，要把最本质的规律梳理和呈现出来，使下一个起点能站在更高的层面。个人和组织的成长都来自对规律的刷新迭代。

我们尝试着从中国乒乓球队的奥运征程中总结一些规律（见图2-29）。

图2-29 项目复盘画布第四步：总结规律

我们总结了4条规律：①梦想是需要被点燃的；②人才是折腾出来的；③不复盘，无进步；④好教练，懂心理，会忽悠。当然，这里把"忽悠"看成一个中性词。大家也能够充分感受到，刘国梁作为一名教练，某种意义上也是一名复盘教练，并且表现得非常优秀。

这些规律来自对前3个步骤的复盘，我们从深度挖掘目标、评估策略及关键决策中初步得出了以上4个洞见，它们是打造铁军的思想主线，是纷繁信息背后的本质探索，也是组织得以持续成功所需遵循的原则。规律本身是高度提炼的，而建立在系统性复盘基础上的规律是最宝贵的。

这些模拟总结的规律背后有很多信息支撑，此处不展开叙述了，仅补充一点细节。

例如，"好教练，懂心理，会忽悠"。在东京奥运会上，中国女子乒乓球选手陈梦表现很突出，获得了女单冠军、女团冠军。在赛后接受记者采访时她非常兴奋，说："陈梦的时代到来了！"这时候，教练应该怎么做？是鼓励她，还是提醒她？

懂心理学的教练会觉得，这个时候有霸气是好事情，但在这个时间点，还不足以说明你的时代到来了。所以当时有教练直接说："你们女团中的几位选手没有太大的差别，拿了一届冠军就说你的时代到来了，不合适。"这就是"敲打"。

男子乒乓球选手樊振东进入国家队之后被大家亲切地称为"小胖"。但是在东京奥运会上，刘国梁说不要叫他"小胖"了，要叫"东哥"。为什么叫"东哥"？就是给他一种心理暗示：你是领军人物了，以前霸气不够，这个时候要站出来，带队伍打出士气，打出威风。

懂心理学的教练会针对队员的不同状态使用不同的教练方式。对樊振东，可能需要激发他的霸气，甚至要"踹他一脚"；对陈梦，可能要适度地"拍一巴掌"。但两者都是一个目的，那就是把球员心理、球队氛围调节到最佳状态，帮助他们成长。

中国乒乓球队在奥运会中拍"全家福"时，刘国梁特意把刘诗雯拉到自己身边，站到第一排中间位置。刘诗雯在女团比赛中被临时换下，为团队成功做出了牺牲，团队不会忘记她的贡献。

所以说伟大的教练都懂心理学，有套路，也有大爱。

对中国乒乓球队的奥运之旅做复盘演示之后，我们做一个小结。

像复盘这种实战工具，用得越多，感受越多，体验的案例越多，思考越深入。讲完案例，我们再分享两个问题。

问题1：项目复盘实操时，通常更强调哪个步骤？

在中国乒乓球队的奥运赛事复盘中，我们重点演练的是前3个步骤：回顾目标、评估策略、反思过程。在实践中，复盘教练会把大量时间和精力（可能超过50%）花在"回顾目标"这一步，因为有太多的团队和管理者没有目标，或者目标模糊，这成为他们失败的主要原因。目标一旦清晰，挖掘到位，后面步骤的难度相对就比较小了。

当然，答案并不绝对化，不同层级、不同状态的团队，复盘时的着力点可能不同，要灵活把握。

问题2：要想更加深入地了解、掌握项目复盘，下一步应该怎么做？

大道至简，重在应用。复盘工具看起来并不复杂，更谈不上深奥，但当你将其投入应用的时候，就能够从不同的事、不同的人、不同的难题的复盘过程中，发现丰富的变化和探索的乐趣。使用项目复盘画布，以点带面，可以撬动工作，撬动生活。我们在本书的不同部分使用较多的案例做演示，也是希望能将读者代入场景，投入应用。

不拘泥于细节，多加应用，当你形成复盘思维，甚至形成"复盘脑"之后，你在思维模式层面就有了质的提升。人与人之间的区别，主要体现为思维模式的不同。

第 3 章

行为反馈复盘：鱼缸会议

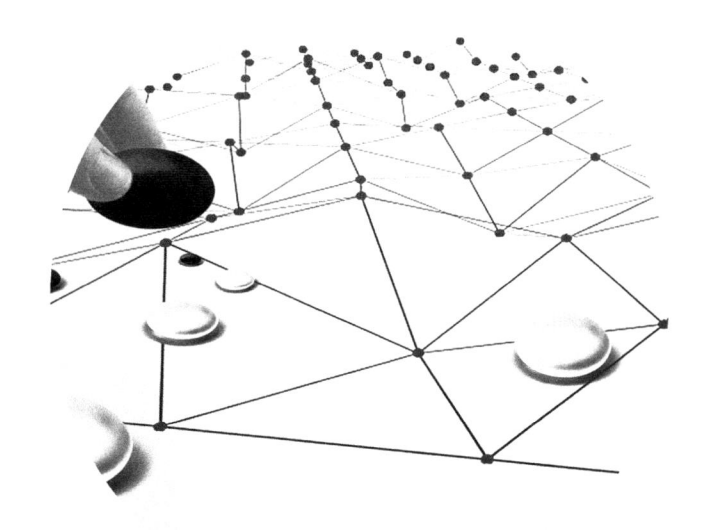

在本章，我们会介绍一种新的复盘工具：鱼缸会议。它解决的关键问题是：如何让人际反馈不走过场？如何让反馈和帮助变得真正顺畅和有效？大家可以带着问题阅读本章。

本章要点如下。

- 复盘到底复的是人还是事？为什么要对人复盘？
- 怎样才能让人际反馈真正发挥"照镜子"的作用，而不是进入雷区？
- 鱼缸会议之后的跟进很重要，本章将分享一个行为改善工具：GAPS。
- 你敢向同事、老板反馈吗？本章将用两个真实案例做演示。

3.1 为什么要对人复盘

3.1.1 对人复盘，是从深层信念中挖掘成功要素

复盘到底复的是人还是事？一般来说，人们是在某件事情发生之后才复盘的，所以先会复盘事情，但往往在做了深度复盘之后，大部分人会认识到，其实问题最后的根源还是人。

所以，对人也要做复盘，那么复什么呢？大家要反思在事情的背后，人们的思维模式是什么，因为一种固化的思维模式会导致人们在同一个地方摔跤，在同样的事情上犯错误。

对人复盘特别重要，中国人也有自我反思的传统。但是，对人复盘很不容易，给予他人反馈和建议时，需要有边界和方法，方法不当，就会走入误区，把"帮人"变成"伤人"。

在复盘中有一句话，叫作"借事修人"，就是通过事情来修炼人的能

力。但如果缺乏正确的方法和心法，这句话可能会变成"借着事情去修理人"，就是借着人际反馈的机会，故意整人。这并不是夸大其词，在有的组织中，工作行为改善的复盘会议变成了问责会、批判会，从而激化矛盾，一个很有价值的工具变了味道。还有的组织会走向另一个极端：大家都害怕冲突，不敢讲真话，把互助成长的会议开成拐弯拍马屁的会议，虚伪做作，让人难以忍受。

如此种种，都是对人复盘中的"怪事情"。对人的反思与改进，毫无疑问是必须做的。越是敏感的话题，越需要使用合理的方法和工具，以免因为操作不当而使好事变成坏事。第2章介绍的项目复盘画布，就是通过科学的工具，把会议开得有价值，对过去的经验和事情做深度挖掘。当复盘的对象是更重要、更复杂的人时，方法和工具就更加重要了，所以我们推荐大家使用"鱼缸会议"这个工具。

在使用该工具之前，首先要搞清楚一个问题：使用鱼缸会议对人复盘，复的是什么？

对人的复盘很难做。如图3-1所示是《皇帝的新衣》中光着膀子出巡的皇帝，如果让你给这样的人做行为反馈复盘，引导他做行为改善，你觉得好做吗？恐怕非常难，他完全沉浸在自我世界里，基本上丧失了质疑和自我反思的能力，身边也尽是一些阿谀奉承之徒。从个人内心到外部环境，他都关闭了改善的窗口。

图3-1 皇帝的新衣：你能够让这样的人做反思吗

为什么对人复盘很难？因为对人复盘不是简单地讨论行为，而是探讨行为背后的思维模式、信念、动机，触及人的根本。鱼缸会议对人复盘，复的是深层信念。

如图3-2所示是冰山模型，人的行为只是表象，而信念（深层动机、社会角色、价值观等）处在水下。有句老话说："性格决定命运。"在一定程度上，一个人的命运是由他的信念决定的，包括他的深层动机、社会角色、价值观；一个企业的命运也是由它的信念决定的，包括它的愿景、使命、价值观。两者是相似的，因为企业也是一群人组成的生命体。

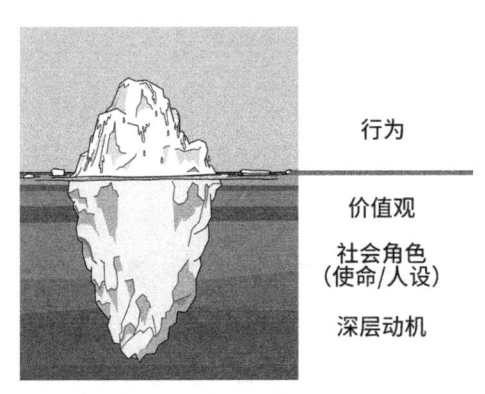

图3-2　冰山模型：动机决定行为，性格决定命运

有时候，一家企业或一个人做出的行为让你难以理解，其实对方背后都有深层的信念在支撑。对人复盘，就是希望通过信念层面的反思和改善，实现对方在行为层面上的持续改善。每个人的一点顿悟，在行为层面都会产生巨大的影响，这是鱼缸会议的价值。

对人的反馈复盘这么难做，有没有人愿意做且做得好？其实做得好的例子非常多，真正优秀的人都敢于面对真实的自己。

桥水基金曾经是全球最大的基金公司之一，其创始人瑞·达利欧就善于做个人复盘。该基金公司的一个很重要的使命是，在追求高回报的同时，避开高风险区域，避免像雷曼兄弟那样突然破产。达利欧说："为了持续生存，我们必须保持高度警惕，对事要复盘，对人也要复盘。"

那么，怎样复盘？怎样让公司员工打开心扉，互相提供正面反馈、改善反馈？这是很有挑战的。达利欧做了个比喻："我们就是一个球队，作为队员，你是否希望你的小伙伴知道你的优点？这是必然的。你是否希望你的小伙伴知道你的缺点？我看到有些人在犹豫。好吧，人总是习惯隐藏自己的一些缺点，这我理解，但如果我们这支球队要拿冠军，那很显然，让小伙伴知道你的缺点是很有帮助的，他会知道在哪些方面不能对你有过高的期望，知道怎样去弥补你的缺失。如果你有所隐藏，犯错误的就是整个球队。所以我希望每个队员都足够开放，把自己的强项、弱项和大家分享，这是好事情。"

为了实现更简便的操作，达利欧甚至发明了一种"棒球卡"。他说："我们每个人都应该像参加棒球运动一样，有一张棒球卡，大家列出自己擅长什么、不擅长什么，互相给一些反馈。"这种开放、坦诚的交流方式，是桥水基金成长为优秀的基金公司的关键举措之一。

达利欧本人也会以身作则，参与这种坦诚的交流。同事们首先给予了达利欧正面反馈——公平公正。为了帮助他改善，大家也提出了改进性反馈——苛刻刻薄，非常直白，尖锐，这就形成了真实立体的双面评价（见图3-3）。我也曾揣测，达利欧本人听到这样的反馈，会是什么表现？我猜他会很高兴，因为这种真实、直接、一针见血的反馈，正是这个组织所需要的。

公平公正　　　苛刻刻薄

图3-3　同事们对瑞·达利欧的双面评价

话说回来，公平公正和苛刻刻薄往往是事物的一体两面。一个公平公正的人，对受到规则约束的人来说，就是苛刻刻薄的。中国历史上的包拯，非常公平公正，但是他把皇帝的驸马陈世美给铡了，会不会有人觉得他苛刻刻薄？很正常。很多事情都是一体两面、一体多面的。如果能够有人给予你多角度的反馈，并且是持续不断的反馈，就会让你对自己有更加清醒的认知。在球队中，球队成员之间也会有更加合理的期望和判断，相互之间的补位也会更加及时到位。

这个案例带来的启发是，每个人都不是完美的；虽然没有完美的个人，但是有完美的团队。当你有勇气与团队成员坦诚交流的时候，你的团队会比普通的团队更加强大。正因如此，虽然向人反馈有难度、有雷区，但仍值得你探索和尝试。

3.1.2　个人成长的基础模型：约哈里窗

介绍完了案例，下面将介绍一些原理。类似瑞·达利欧这样的个人复盘为什么能够帮助个人成长？从心理学角度分析，道理是什么？

美国心理学家约瑟夫·勒夫特和哈林顿·英格拉姆提出了"约哈里窗"（见图3-4），用来说明个人如何改善自我认知，组织如何提升沟通的效率。

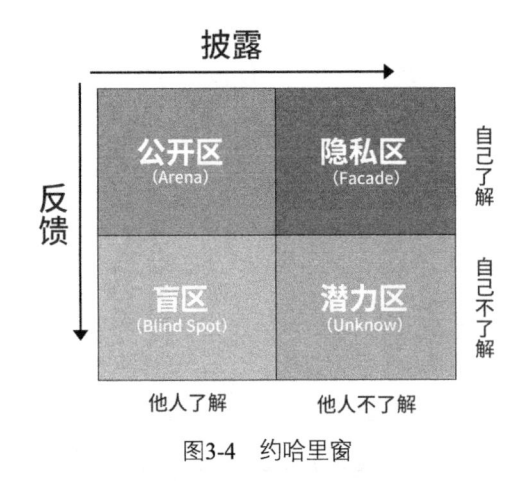

图3-4　约哈里窗

约哈里窗把每个人掌握的信息和能力做了分类。公开区，就是自己知道，别人也知道的信息；隐私区，就是自己知道，但别人不知道的信息；盲区，就是别人知道，但自己还没有意识到的信息；潜力区，就是自己和别人都不知道，但自己可能拥有的信息。

约哈里窗不仅对个人有效，对组织也有效。

思考一下这个问题：如果你希望个人和团队表现更好，应该怎样做？很简单，就像图3-4中的两个箭头，公开区要拓展，扩大范围，将一部分潜力区变成公开区；隐私区要缩小一些，盲区也要缩小一些。认知范围变大，意味着你的能力、水平有所提升。

道理很简单，但肯定不太好操作，为什么？因为要想缩小隐私区，需要主动披露自己的一部分隐私，这有难度。但如果能做到，是不是能够帮助自己变得更加开放、更加强大？

盲区也是一样。在鱼缸会议中，别人反馈一些你不知道的信息，可能有的你爱听，有的你不爱听，但是没关系，拥抱事实，敢听真话，这是不是让你的自我判断和决策更加准确了？通过思维碰撞，你是否发现了一些新的潜力？这些都有可能。

隐私区、盲区、潜力区的变动，都意味着对过去思维模式的调整、改造，它会带来冲击和压力，也会推动人的思想蜕变，使人们变得更强大。

约哈里窗是一个成熟的理论，已经被大众践行了几十年。不仅瑞·达利欧，很多企业家、管理者都在使用这个理论提升个人和组织的能力。

人们需要建立这种开放的信念，坦诚交流，愿意披露必要的信息；充满勇气，敢于倾听真实的反馈；不因为观点的差异而心生抵触，把每个人都当作自己的教练，把不同的观点当作全面认识世界的有益补充，不管观点是自己喜欢的还是不喜欢的，只要是真实的，都能够帮助自己扩大公开区，让自己变得更好。

约哈里窗是现代管理科学,这种理念在传统文化中也有清晰的表述。

中国历史上的一位明君唐太宗曾经说:"夫以铜为镜,可以正衣冠;以古为镜,可以知兴替;以人为镜,可以明得失。"这就是人生中的3面镜子,如图3-5所示。

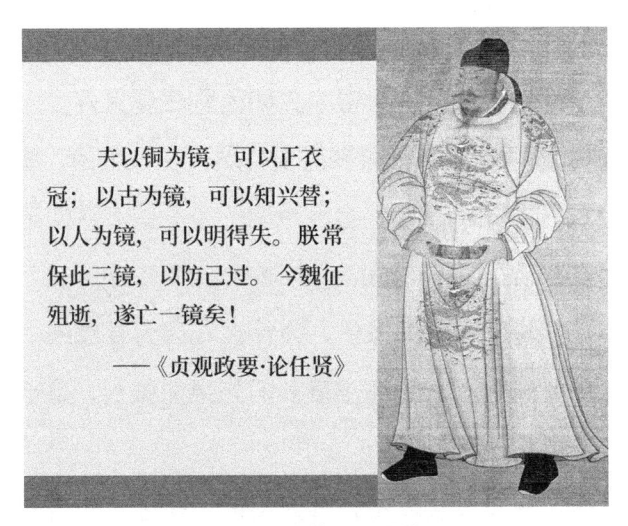

图3-5 唐太宗的"三面镜子"

人一定要照镜子,否则脸上乌七八糟的,自己还不知道。设置御史、言官是照镜子,约哈里窗是照镜子,鱼缸会议也是照镜子。

斯坦福大学曾经找了七十几位专家做调研,请他们对一系列能力进行排序。调研主题是:作为管理者,哪些能力最重要?

最后的结果出人意料,排在第一位的能力,是"自我认知"。有清醒的自我认知,是个人在组织中发挥作用、创造价值的基本条件。

要提升自我认知,鱼缸会议是非常简单有效的途径。经常做鱼缸会议,可以形成一种组织文化,让大家把获取反馈、认清自我当作一件自然而然、像吃饭喝水一样必要的事情。

3.2 让"照镜子"为个人成长加速

3.2.1 行为反馈的误区:一团和气与审判追责

以上介绍了对人复盘要复什么,以及为什么复盘能帮助人成长。

下面接着探讨,如果要对人复盘,帮助人们进行行为改善,有哪些常见的误区?要怎样避免?

很多公司都有工作行为反馈机制,希望员工能够提升自我,组织能够创造正能量的氛围。

但很多时候,这些机制的效果都打了折扣,可能开成了"吹捧会",春风拂面,暖意融融;也可能变成了"批判会",寒风凛冽,冷意刺骨,都偏离了预想的效果(见图3-6)。

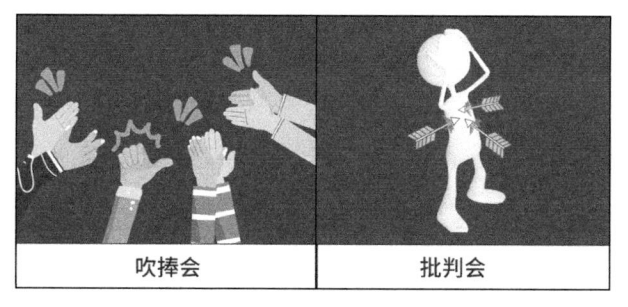

图3-6 行为反馈的误区

什么是"吹捧会"?领导逼着你向别人反馈,你不敢得罪领导,但又不好意思直言不讳,只好正话反说,把某个人的优点拐弯抹角地包装变成一句批评,实际上是在表扬他。

什么是"批判会"?本来应该帮助自己的同事,但你心里有怨气,正好借着这个机会发泄一下私愤，借公司流程进行人身攻击。

这两种形式最后都会带来非常恶劣的结果。

2018年央视春晚有个小品名叫《提意见》（见图3-7），把"吹捧会"演得活灵活现。下面节选其中一个片段，回顾一下。

图3-7 春晚小品《提意见》

下属：要我提意见？领导套路深啊！

处长：还是太紧张了，放松！要不然，你坐下？

下属：我不用（脚一软差点跪在地上）。那个，我坐不住——对了处长，你坐不住，对，坐不住！

处长：我怎么坐不住？

下属：您看，您刚来咱们单位才3天，办公室就找不到您了，您不是下基层，就是搞调研，这样下去怎么行？（走到办公桌前）这把凳子它应该是您的阵地。您的标配，就应该是一杯茶水和一张报纸，您看前任处长，把这把凳子都坐出包浆来了，您怎么就不能接着盘一盘呢？

还有就是，您这么狂躁地工作，身体怎么受得了？你看，您都瘦成什么样了？您要是再瘦下去，就是国有资产的流失啊！

还有，您不够稳重，当然了，您才20出头，就走上了这么高的领导岗位……

处长：等一下，我不是20出头，过了年我就40啦！

下属：您多大？40？我的妈呀，我们处长40，（面向观众）你们是不是不信？

相信大家看完这个小品也会深有感触，虽然这只是一种夸张的表达，但是生活中真有这样的现象，而且不少。

大家都认同"照镜子"很好，但真正实施的时候，老板可能有脾气，员工可能没胆量，同事可能有顾虑，环境可能有干扰，流程可能很随意……诸多问题导致"照镜子"变成走形式、走过场。

所以，一些好的理念要落地，一些好的传统要延续，一定要有匹配的工具和流程，它们能够让你"照着做，有效果"，减少各种干扰因素，真正实现预期。

在传统的工作方式中，人们习惯谈想法、理念，但理念和实践之间还有一段距离，容易变成空谈。现代的科学管理方法比较注重工具、流程，有实用主义的因素。所以"好理念+好工具"，会让你更进一步。

3.2.2 鱼缸会议：流程护航，让反馈成为成长的养分

对人复盘很重要，瑞·达利欧借助它打造桥水基金公司的组织文化。有了清晰的自我认知，才能推动个人和组织健康发展。

对人复盘的流程和工具也很重要，主导者在过程中管理参与者，管理环境，管理氛围，确定基调，掌控研讨的走向，保障活动效果不跑偏。

鱼缸会议是对人复盘的经典工具，它的现场示意如图3-8所示。

图3-8 鱼缸会议：行为反馈复盘

那么，如何召开一场鱼缸会议？有4个大的环节。

环节1：营造场域。复盘教练作为主持人，负责营造开放的场域氛围。环境舒适，被反馈者像被观赏的鱼一样坐在中间，反馈者像镜子一样以半圆形围坐，对着被反馈者。

环节2：讲解规则。主持人说明规则并举例、示范。

- 反馈者在便笺纸上写反馈意见，写好后逐一反馈。
- 反馈意见包含两类，一类是积极性反馈，包含具体行为、正面影响、欣赏3方面的信息，我们将其比喻为苹果；另一类是发展性反馈，包含具体行为、负面影响、期待的结果3方面的信息，我们将其比喻为橘子。
- 听到反馈后，被反馈者不要马上辩解，也不要做记录（以免转移注意力），必须用心去倾听，尽量与每位反馈者有眼神交流，在每位反馈者说完后真诚地回应"谢谢"。

环节3：持续反馈。

环节4：统一回应。待全部人员反馈完后，被反馈者站到记录板前整理便笺纸，可以对便笺纸做必要的分类、标注，然后统一回应大家刚才的反馈。
要求：尽量不要辩解，回应事实、感受和承诺。

在这4个环节中，有一些要点关乎最终的效果，下面展开叙述。

要点1：主导者要营造一个开放的场地和氛围。

凡事都要师出有名，氛围、基调就是风向，时时刻刻影响后续的活动安排。为什么组织文化建设要从老板开始？团队负责人为什么要带头做鱼缸会议？因为开局奠定了基调。

在营造氛围方面，主导者可以做的事情有以下几项。

- 环境准备：保障研讨环境宽敞明亮，与会者有舒适的位置。根据话题研讨的开放程度、与会者的接受程度，为每个小组选择合适大小的空间。

- 座位安排：参考图3-8。教练旁边有记录板，被反馈者叫作"鱼"，位置在中间，被反馈者坐着、站着都可以，所有反馈者就像镜子一样，围成一个半圈，对着被反馈者。
- 开场讲话：主导者可以阐明鱼缸会议的价值和自我认知的价值。

有的人对流程不太重视，可能觉得不需要那么复杂，大家面对面坐就好了，甚至被反馈者站在台上，反馈者坐在台下，不用按照流程来，统统灵活安排。

这就麻烦了，可能在基调上已经形成了一个民主批斗会的氛围，给双方造成心理压力。

在场地选择上，选办公室不如选会议室、咖啡厅，能让人们充分放松、舒适、独立无干扰的空间是最佳选择。

场域很重要，确立平等的场域和轻松的氛围，用环境形成一种暗示：我们拥有平等的关系、合理的流程、善意的交流，目的是共同提升。

这种心理暗示和外在的明确规则，将贯穿鱼缸会议的整个流程。

要点2：主导者解读规则，举例示范。

复盘教练邀请每面"镜子"给"鱼"做反馈，包括积极性反馈和发展性反馈，如图3-9所示。

图3-9 苹果和橘子：积极性反馈和发展性反馈

积极性反馈包括3个方面。

- 具体行为（Behaviour）。反馈者讲述观察到的被反馈者行为，讲客观信息。这时候不要直接说评价、观点，评价和观点是主观的，不容易被人接受。

- 影响（Impact）。反馈者讲述这些行为带来了哪些正面的、积极的影响。
- 欣赏（Appreciation）。反馈者说出自己的欣赏和认同。欣赏和认同不能随便讲，否则会给人以敷衍的感觉。先讲行为、影响，而后表示认同，给人的感受是真情实意。

发展性反馈与积极性反馈类似，反馈者先说被反馈者有哪些待改进的具体行为，再说有什么影响，然后说出自己期待的行为和改进措施。可以看到，提改进建议是有方法的，不是批评指责，而是设身处地，有改进的行动建议，所有的信息都客观、真实、具体，避免单纯的主观反馈。

积极性反馈让人感到舒爽，我们叫它"苹果"；发展性反馈酸中带甜，我们叫它"橘子"，两种反馈都有益身心健康。

在这两种反馈中，反馈者都是先写再说。反馈者先在便笺纸上写下自己的反馈，每张便笺纸上只能写一条，再向被反馈者进行口头反馈。反馈结束后，反馈者把便笺纸递给被反馈者。

在记录板上，有一张美国培训认证协会（American Association for The Certification of Training Program，AACTP）的鱼缸会议画布（见图3-10），如果没有画布，可以参考图3-10画出来。

被反馈者将收到的反馈便笺纸贴到相应的区域，做初步分类。下面分别对两种反馈进行举例说明。

积极性反馈：我注意到，你在这次课程中积极发言，上午课程你发言了8次（行为），小组的氛围都被你带动起来了，你是班级里的小太阳（影响），非常棒，我们都很喜欢（欣赏）。

发展性反馈：在上午的课程中，我注意到你积极发言，不过有5次打断了老师讲课（行为），对老师的节奏是有干扰的，老师需要停下板书和正在播放的视频，对你做及时回应，这其实会对授课效果造成一些影响（影响）。下午，我还是希望看到你积极带动班级同学，不过在发言之前先举手，老师在讲完一个片段之后会先找你分享，这样是否可以（期望的行为）？

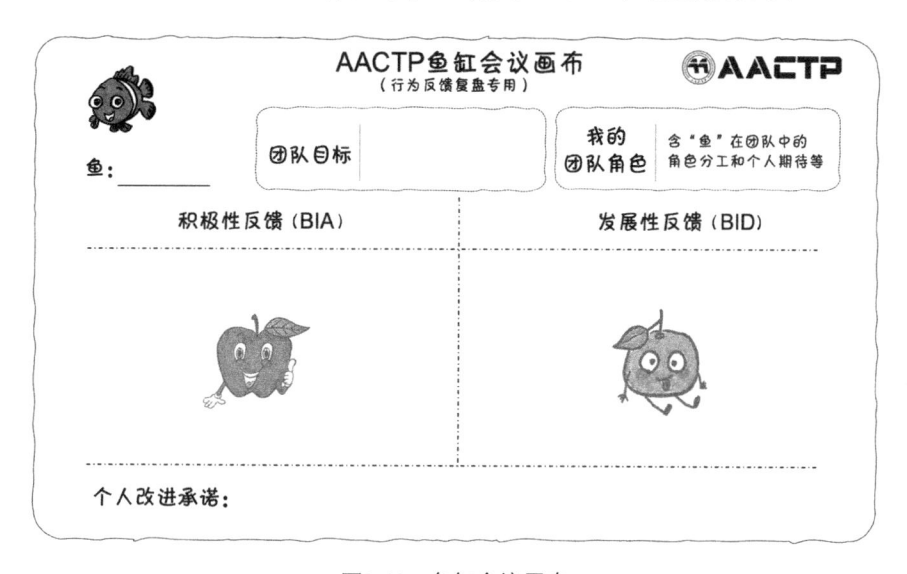

图3-10　鱼缸会议画布

错误的反馈示例如下。

你这位同学很积极啊！（简单的赞扬。在需要行为反思的场合，对行为反思和强化没有帮助。）上午上课时你有点着急，急于表现自己，下午要注意。（没有行为、影响、期望，只有主观判断，令人心生抗拒，没有具体的改进方向。）

在反馈的过程中，复盘教练做什么？他不必关注内容，但要掌控规则、流程、氛围。反馈者在反馈时是否真实客观？是否上来就说主观评价？是否过于空泛，缺乏实际内容？这些都是复盘教练关注的重点，他的身份类似裁判。

那被反馈者要做什么呢？

- 反馈者反馈之后，被反馈者不要立刻回应，只能说"谢谢"，尽量在过程中和大家有眼神交流。

- 倾听反馈时不能做记录。做记录看起来很虚心，但实际上很多人借着做记录掩藏自己的种种不适，不敢直面问题。被反馈者在整个过程中应尽量放空，专心倾听，不要解释，不要记录。对于反馈的要点，反馈者们已经写在便笺纸上了，被反馈者收到便笺纸后可以在记录板上进行张贴和简单分类。

要点3：持续反馈。

教练讲完规则后，大家依此执行。第一位反馈者反馈，被反馈者不解释，不反驳，表示感谢。然后第二位反馈者反馈，直到所有人反馈完。

要点4：统一回应。

反馈全部完成后，记录板上贴满了被分类的反馈信息，被反馈者把全部信息过一遍，梳理、消化，然后统一回应。回应内容应包括以下几个方面。

- 梳理：对收集的信息做归类、概述。这对被反馈者和反馈者来说，都是必要的总结。
- 澄清（非必选项）：如果个别信息很重要，又确实与事实偏离，可以做澄清。但这不是必选项，也不是重点。请注意，这是对事实的澄清，不是对对错的辩解。
- 启发：重点讲发现、启发。人们难以做到立刻迭代思维，但得益于多角度的信息，人们可以寻找共性，从而有所发现，分享启发。
- 承诺：有哪些事情可以做出改进？对于能立刻做出承诺的改进项，要做出承诺。

到这里，被反馈者就完成了他的"鱼缸会议"流程。

鱼缸会议通常能够给被反馈者带来观察自己的全新视角和内心的强烈触动，这非常好，但这只是一个开始。思想冲击要落实到行为改变才有意义。

鱼缸会议结束后怎么做？有个工具叫GAPS（见图3-11）。既然有新的自我认知了，就要结构化地去分析和改善自己的行为。

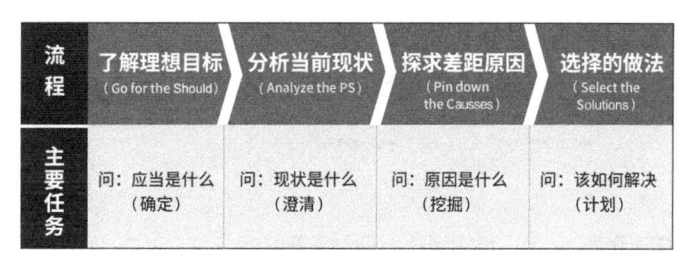

流程	了解理想目标 (Go for the Should)	分析当前现状 (Analyze the PS)	探求差距原因 (Pin down the Causses)	选择的做法 (Select the Solutions)
主要任务	问：应当是什么（确定）	问：现状是什么（澄清）	问：原因是什么（挖掘）	问：该如何解决（计划）

图3-11　行为改善工具：GAPS

被反馈者接下来应思考：基于收到的反馈信息，我理想的目标是什么（G）？当前的状态怎样（A）？产生差距的原因是什么（P）？最后我应该选择什么样的方法去改进（S）？这就是确定、澄清、挖掘、计划（GAPS）4个步骤。

如果你要带动被反馈者去做鱼缸会议后的改进，作为复盘教练，你需要问对方：应当是什么？现状是什么？原因是什么？该如何解决？通过对这些问题的分析，带领被反馈者一步步解决问题。在下面的案例中，我们会向大家呈现GAPS作为行为改善工具的具体操作方法。

3.3 复盘演示：用鱼缸会议触发长期改善

百闻不如一做，复盘是实战工具，需要在应用中加深认识。

使用鱼缸会议，对不同的人来说，在技巧上区别很大。同事之间做行为反馈，塑造氛围，打开局面，按照流程走，被反馈者能感受到"精神上洗个澡"的畅快体验。员工对老板做复盘，面临的挑战更大，更多地依赖老板的发起和推动，从打造公司沟通文化的高度出发，广开言路，拉近距离，使公司成为一个扁平化组织。

下面以这两类典型人群为例,分享两个案例,帮助大家了解鱼缸会议每个环节的操作方法、细节变化,以及当事人在接受反馈的过程中有怎样的心路历程。

3.3.1 复盘同事:小酒喝醉,反馈到位

我们身边的很多伙伴都在使用鱼缸会议。下面通过一个真实的案例来了解某公司企业业务(B端业务)负责人是怎样通过鱼缸会议来提升自己的自我认知和管理能力的。

故事的主人公是林俊杰,和著名歌手林俊杰同名,也和他一样阳光帅气。林俊杰对大客户营销颇有心得,团队规模不断扩大。然而随着业务与团队规模的扩张,林俊杰遇到了很多困惑,于是打算用鱼缸会议给自己"照照镜子",洗把脸。

以下是他的自述。

鱼缸会议在工作中给我带来了非常特别的感受,让我记忆非常深刻。

我在公司一直负责B端业务,在过去的管理中,我分配线索,喂单给各团队,协调资源,带动了一些团队的进步,自我感觉不错,也得到了很多人的认可,团队的规模也越来越大。

但今年在带团队的过程中,我发现很多事情开始变得磕磕绊绊,也逐渐听到了一些负面的声音:营销团队的沟通不顺畅;对业务需求的响应、各地资源的调配不及时;人多了,工作效率反而下降了……作为团队负责人,我觉得这里面有问题。

今年6月、7月,我还被领导批评,说"你抓的事情,有些不大靠谱"。这话说得很重,我开始反思自己。我想,可能是一直以来我走得太顺、太快了,职业素养的训练和个人成长的积累都还不够,限制了目前业务的发展。

于是我决定邀请和我配合比较多的一些同事,召开一次鱼缸会议,听听

他们的反馈。我拉了一个微信群，向大家发出邀请：

"各位伙伴，俊杰向你们发出诚挚的邀请，希望你们能够来参加我的鱼缸会议。

"今年以来，我深感自己能量储备不足，希望有所提升。你们每个人身上都有我想学习的地方，真诚地希望各位下周三晚上能够抽出一点时间给我，咱们吃火锅还是烤肉？

"我希望做一回'鱼'，听听你们的'苹果'和'橘子'。"

通过聚餐的形式，大家创造了轻松的氛围，相互给反馈时也很自然。在我做"鱼"的环节，每个人先给我敬一杯酒，给一个"苹果"，一个"橘子"，把具体的行为还原给我听。大家反馈的行为让我看到了另一个自己，这个"自己"和我的自我感觉并不一样。这让我很意外，也让我明白了必须做反思。

做大客户业务并不容易，过去我和大家一起摸爬滚打，一起分享成功的喜悦和失败的焦虑，当听到一些我自认为用心良苦的管理支持，被伙伴反馈为"打击了积极性，削弱了冲锋劲头，感到无所适从"时，我觉得很失落，哭了一场。现场的伙伴想起几次协同业务冲锋的失利，也流泪了。可能也有喝酒的原因，就像老师说的，小酒喝醉，反馈到位。大家说起过去很多项目的成功，都是因为我提供了大量资源，不惜代价，随时补位。很多感谢的话在项目里没有说，在反馈时才有机会说出来。

中国人是很含蓄的，不管是感激还是不满，除非是特别强烈的，大部分人都会藏在心里，外人其实看不出来。但是长此以往，肯定会影响工作，好的、不好的影响都有，当事人却不知道是什么原因。那天的鱼缸会议实际上给大家提供了一个机会，把过去业务高峰和低谷时的想法都讲了出来，让大家将成败看得更透。

反馈是一个过程，关键是后续的行动改进。对于大家的反馈，我用GAPS

行为改善工具做了梳理（见表3-1）。

表3-1 GAPS行为改善计划（B端业务负责人）

姓名	培训界的林俊杰	
所属部门	行动学习研究院	
GAPS	G：理想目标 • 带团队，打胜仗 • 组织一支有战斗力的业务团队，完成挑战性业务目标	P：差距及原因 • 不聚焦，不下沉 • 揽了很多任务，但没有做透
	A：当前状况 • 士气低落，领导拍砖 • 大家觉得我人很好，很专业，但在有的事情上不靠谱；对人不够关注，在团队管理过程中的共识不够	S：选择做法 • 点上打透明定位 • 做事靠谱要闭环 • 充分共识关注人 • 扬长避短做减法
承诺	如果再发生不靠谱的情况，发生一次，就给投诉对象发200元红包	

理想目标：我们整个团队的期望是今年能够打造一支有战斗力的业务团队，完成有挑战性的业务目标。

当前状况：下属和相关配合工作的同事都觉得我有责任心，有担当；为人很好，不拘小节；很专业，能把公司的产品知识讲得深入浅出……这些都是"苹果"。"橘子"也很多。例如，对团队的业务支持不够；有的同事觉得我习惯将任务直接交给他们，事前没有共识，事后做得很吃力，沟通不到位；对人不够关注……

差距及原因：有各种各样的声音，大家也和我一起找问题到底出在哪里。我们最后的结论是："不聚焦，不下沉。"我揽了很多任务，但很多事情都没有做深、做透、做扎实，有些事情遇到困难就被搁置了，这导致很多想法没有形成闭环，总会有这样那样的问题。这个问题是我后续要重点改进的。

选择做法：根据大家反馈的意见，我将自己要做的改进整理成了一段顺口溜："点上打透明定位，做事靠谱要闭环。充分共识关注人，扬长避短做减法。"对具体行为改进点的说明如表3-2所示。

表 3-2 对具体行为改进点的说明

顿悟/规律	规律说明（可选）	改进行动
与其将 10 件事揽上身却都没有完成，不如坚持把 1 件事做透，把水烧开	点上打透明定位	明确定位：抓需求、谈业务、做转化、拿结果
凡事有交代：与相关人员充分沟通 件件有着落：不要半途而废，默默无闻。无论成败，都要在有共识的情况下结束每件事情 事事有回音：别让人找不到	做事靠谱要闭环	先不着急做很多事情，一步步做好每件事情，再增加并行的任务，用好 GTD 工具
知道不等于共识，清楚不等于心甘情愿	充分共识关注人	团队任务要确保大家达成共识且充满参与度，并在过程中关注他人的需要，给予足够的支持
扬长时我是自信的，露短时我是不自信的	扬长避短做减法	聚焦在能发挥我的优势的地方，在专业上直接、间接地给大家提供支持

如果按照工作流程来梳理，我应在以下几个方面有所改进。

- 定位。我的定位、目标，就是抓需求、谈业务、做转化、拿结果，就是一件事。我的优势是专业，充分发挥这项优势，通过直接的、间接的方式帮团队打胜仗，做好从线索到成交的转化。

- 聚焦。过去我揽了很多事情，如产品包装、做产品视频，这些需要逐步转移出去，做减法。

- 闭环。因为之前揽了很多事情，所以一些工作没有交代清楚，没有形成闭环。在工作聚焦的前提下，重点工作要形成闭环。

- 均衡。一个阶段的重点没有做完，不要急着揽下一件事情。要注意工作量的均衡，只有均衡才能保障输出，才能维护信任。

- 自律。我向 Ray 老师学习了 GTD 工具，以加强自己的时间管理和任务管理技能。

- 赋能。加强对人的关注，向同事安排工作、分配任务之前，要与对方充分沟通，让对方清楚目标和具体要求，还要讲清楚这件事情的意义和价值，让对方充满期待，从而有动力去做事。
- 承诺：对于以上行动改进，我做了承诺，那就是如果再发生不靠谱的情况，我要给投诉我的人发200元红包，以确保并倒逼自己不断改进。

应用后的感受：在鱼缸会议结束后的两三个月，我感觉身心轻快，一些工作的推进、和团队伙伴的沟通协调，都比以前顺畅了很多。在遇到一些重要的事情时，我清楚应该怎么判断、决策，因为大家对不同的选择的态度，都已经提前告诉我了。这对我的帮助远远胜过给我一些简单的方向和建议，也远远胜过我独自思考和揣测大家的感受。

通过鱼缸会议，我觉得我们更像一个团队了，大家不仅同路，而且同心。在后续重要的时间节点，我们都会持续使用鱼缸会议这个好工具。

这是同事之间使用鱼缸会议的一个案例。当事人有开放的心态，主动发起会议，收集了宝贵的建议，密切了团队关系。如果没有这样的契机，同事之间这样真诚、深刻、全面的行为反馈，什么时候才能发生呢？恐怕非常难。借助好的工具，当事人让个人成长和团队建设向前迈进了一大步。

3.3.2 复盘老板：率先垂范，风清气正

向老板做反馈，和向同事做反馈不同，需要承担更大的压力。收益与风险成正比，关键是怎样找到合适的方法来开局。

最合适的做法就是老板亲自下场，先做表率。如果希望在公司建立开放坦诚、风清气正的文化，老板应以身作则；在经营管理中，如果想减少风险，避免孤家寡人、自以为是，最好多听听别人的声音，听听集体的意见，这样犯错误的概率就会小一些。想想历史上统治者对谏官的态度就能明白，这种机制的存在，不是为了简单地在形式上体现领导者心胸宽广，更是为了

让企业生存下去。

下面介绍一个老板参加鱼缸会议的案例，先直接看结果（见图3-12）。

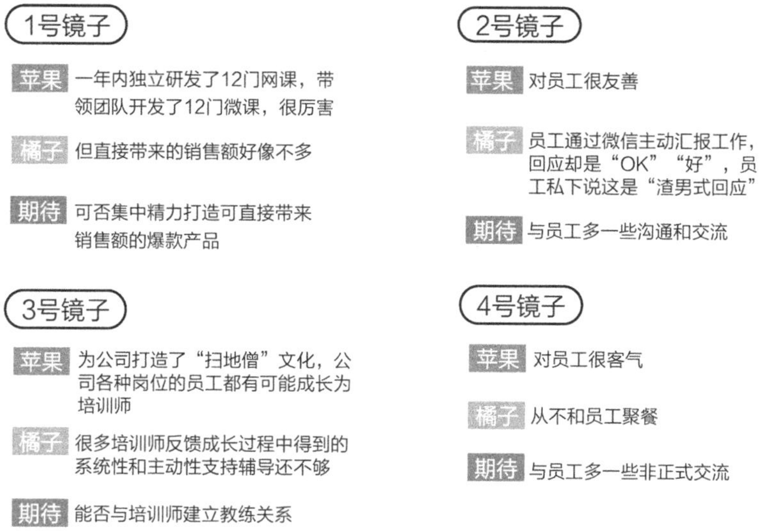

1号镜子
- 苹果：一年内独立研发了12门网课，带领团队开发了12门微课，很厉害
- 橘子：但直接带来的销售额好像不多
- 期待：可否集中精力打造可直接带来销售额的爆款产品

2号镜子
- 苹果：对员工很友善
- 橘子：员工通过微信主动汇报工作，回应却是"OK""好"，员工私下说这是"渣男式回应"
- 期待：与员工多一些沟通和交流

3号镜子
- 苹果：为公司打造了"扫地僧"文化，公司各种岗位的员工都有可能成长为培训师
- 橘子：很多培训师反馈成长过程中得到的系统性和主动性支持辅导还不够
- 期待：能否与培训师建立教练关系

4号镜子
- 苹果：对员工很客气
- 橘子：从不和员工聚餐
- 期待：与员工多一些非正式交流

图3-12　针对老板的鱼缸会议：反馈记录

限于篇幅，这里只选了部分内容，对积极性反馈和发展性反馈都做了压缩，呈现的不是完整规范的格式，细节上有一些变化，不过"苹果""橘子"还是分得很清楚的。下面来看几组反馈。

1号镜子

苹果：一年内独立开发了12门网课，带领团队开发了12门微课，很厉害。

橘子：大量新课程直接带来的销售额不多，没有实现规划中的指数级增长。

期待：能不能集中精力打造几款爆品，直接提升销售额？这样可能在公司的战略方向——线上业务上实现破局。

2号镜子

苹果：对员工很友善，大家都愿意跟你相处，公司内部充满了自由宽松的氛围，这很好。

橘子：员工通过微信主动汇报工作，你的回应往往是两个字母"OK"、一个字"好"。一些员工说这种回应风格是"渣男式回应"。

期待：跟员工多一些沟通和交流。除了工作，也多了解一些员工的思想、生活。

3号镜子

苹果：为公司打造了"扫地僧"文化。每个平凡岗位的员工都有可能成为培训师大咖。这么多年来，公司不断涌现这样的例子，让大家看到了自我成就的希望，这是了不起的。

橘子：很多培训师反馈，在成长过程中得到的系统性、主动性支持辅导还不够。

期待：能不能和培训师建立教练关系，言传身教，多带带大家？

4号镜子

苹果：对员工很客气，不管是谁，都平等相待，在公司内部倡导了专业、互相尊重的风气。

橘子：从来不和员工聚餐。

期待：和员工多一些非正式交流。

以上是鱼缸会议的部分记录，主角是我，众行培训公司创始人。作为培训师，我从来都是"给别人的药，自己要先吃"。鱼缸会议也要自己先用，所以我就先下水，让大家来反馈。

为了营造氛围，我们把这个会议称为"酒缸会议"。大家一起到餐馆，坐在一个稍微大一点的包间，一边吃饭一边开鱼缸会议，氛围更好。每位管理者都做了鱼缸会议，都进了"鱼缸"，我是第一条"鱼"。

看到这些反馈，我也大吃一惊，尤其是这个"渣男"的叫法，很意外，也很真实。专业上我肯定不渣，但不得不承认，我在有些事情上的处理方式还真的有点"渣"。所以，我原以为很了解自己，现在看也不一定，在自我认知上还有很多盲区。历次鱼缸会议的反馈汇集起来，让我对很多问题有了新的认识。

老板做鱼,不是做做样子,而是要真刀真枪地做出改进。我拿到反馈之后,也在想:我要怎么改进?这些改变肯定会影响组织,影响很多重点工作的走向。

根据大家的反馈,我做了自己的GAPS表格(见表3-3)。

表3-3　GAPS 行为改善计划(老板)

姓名	书生老刘	
所属部门	众行研发中心	
GAPS	G:理想目标 "人人都是培训师,教就是最好的学" ①每年培养5~10位导师级培训师 ②每年打造线上、线下爆款产品各一款(百万元销售额以上) ③塑造"专业主义,为学员负责;终身学习,全球化视野"的企业文化	A:当前状况 ①每年培养2~3位导师级培训师 ②爆款产品不够爆 ③企业文化深入人心、渗透到工作方方面面的程度远远不够
	P:差距及原因 ①自我定位为专业领袖,总经理作为运营领袖,对运营的事完全不上心 ②九型人格中的9号人格,等距离外交,不愿受到人际关系的干扰 ③还是性格原因,有宏大的目标,但不愿有眼前的压力,不愿将愿景转化为短期业绩目标	S:选择做法 ①带头探索师徒制 ②牵头开发爆款产品,与销售额挂钩 ③每月与员工聚餐一次,参加翻转读书会一次
承诺	如果做不到,在每月的酒缸会议(翻转读书会)上发红包	

理想目标:我的理想目标是,人人都是培训师,教就是最好的学。所以我每年要培养5~10位导师级培训师,让他们再培养更多的培训师。另外,每年打造线上、线下爆款产品各一款。我做了那么多研发,不能闷着头做,一定要与商业利益相关。还有,就是塑造"专业主义,为学员负责;终身学习,全球化视野"的企业文化。

当前状况:现在,每年能培养2~3位导师级培训师,爆款产品不够爆,企业文化真正落地了吗?没有。

差距及原因:我的自我定位是专业领袖,总经理是运营领袖,所以我希望运营事宜由总经理负责，很多人反馈给我的经营方面的信息，我都不是很在意，所以经常简单地回复"好""OK"，显得不上心。我的性格是九型人格中的9号，性格友善，等距离外交，不愿意跟大家走得太近，怕受到干扰。

也因为这种性格，我有宏大的目标，但不愿意有眼前的压力，所以我不会把愿景转化成短期的业绩目标，这也是我不愿意做经营，希望总经理负更多责任的原因。

选择做法：第一，要带头探索师徒制。既然公司的愿景是"人人都是培训师"，我就要主动尝试做一些探索。我要突破自己的性格，尝试师徒制。现在我有六七位徒弟，他们也在带徒弟。我们希望通过师徒制建立一种传帮带的文化。

第二，牵头开发爆款产品。我制作的线上课程"职场必修技能：复盘"就是对这一行动的落实。我争取把这门课程做成精品，超出客户的预期。线上课程要达成精彩的体验，挑战非常大，这要求我逼着自己去探索，去做新尝试。

第三，每月和员工聚餐一次，参加一次翻转读书会。这一点我做了承诺，到目前为止也做到了。如果做不到，就在每个月的酒缸会议或翻转读书会上发红包，迄今为止我还没发过。公司的其他管理者也一样，参加鱼缸会议，做了行动改善的承诺之后，如果没有做到，也要发红包。

每次做完鱼缸会议之后，公司管理者（包括我）的行为改进，都是言必行，行必果。以上我个人的这些行为改进，包括人才培养、产品开发、组织氛围，体现在整个公司的最终面貌上，可以说变化巨大，它的效益和大家的体验是看得见、摸得着的。这就是一个好的管理工具、管理流程带来的收益。所有收益都来自实践，也希望读者朋友都用起来。

实战工具越用越明。在观察了两个应用案例之后，大家会有新体验、新思考，这时就可以讨论应用技巧层面的一些问题了。

问题1：鱼缸会议为什么要这样设计？目的是什么？

鱼缸会议中的"苹果""橘子"这种循环往复的反馈，是一个发酵的过程。对于某位反馈者的反馈，你可能不认可，但是很多人的反馈一定有相通之处，有共性信息，这些信息在你的头脑里不断激荡。只要被反馈者不反驳，就会有更多原生的、真实的信息反馈出来，被规则保障着，不变形，不扭曲，从量变到质变，这就是发酵的效果。

思维的创新和突破需要获取大量的新信息，形成新视角、新框架，相当于借助很多人的眼睛，把自己观察世界的视角，从以前的单一维度变成鱼缸会议中的立体维度。

不能奢望每条信息都言之有理，能启发自己，那不现实。所以，被反馈者不会一一回应每位反馈者的反馈，否则会干扰发酵的过程。

随着发酵，被反馈者会感觉到：有些信息是乱七八糟的，我一时没听明白，这些人好像并不了解我。等等，为什么某个问题好几个人都提到了？原来他们是这样看的，有没有道理？是不是我在这方面的做法让大家有误解，需要调整？这是发酵的过程，随着信息的累加，被反馈者的盲区被打开，触及其底层认知，对其原有的思维框架产生触动。

这是鱼缸会议的底层逻辑，通过多角度信息，以量变带来质变，冲击、扩大开放区，提升底层认知。

问题2：利用鱼缸会议做行为反馈复盘，每次可以复几人？

我们通常建议一次鱼缸会议不要针对一个人，打造这种开放的氛围，最好多几个人，不少于3人，可以覆盖4～5人，到下次鱼缸会议再覆盖一批，最终达到最大的覆盖范围。

当人员轮换时，之前的被反馈者变成了反馈者，可以体验不同的角色，更清楚地感受到正能量反馈的目的，心态也会更加平和。

问题3："鱼"可以做很多次吗？

鱼缸会议通过行为反馈来触动"鱼"的内心，现场节奏比较快，在会后会有更多的反思和触动，所以，对同一条"鱼"多做几次鱼缸会议，可以帮助他想得更加通透：自己的思维模式与外在行为和"镜子"们的感知之间有着怎样的关系？

问题4：对复盘教练的提问，有什么建议？

做鱼缸会议，我们有一个工具：复盘教练提问卡（见图3-13），教练的关注重点不是内容，而是流程、规则和氛围，所以在合适的时机提合适的问题，非常重要。

鱼缸会议复盘教练提问卡

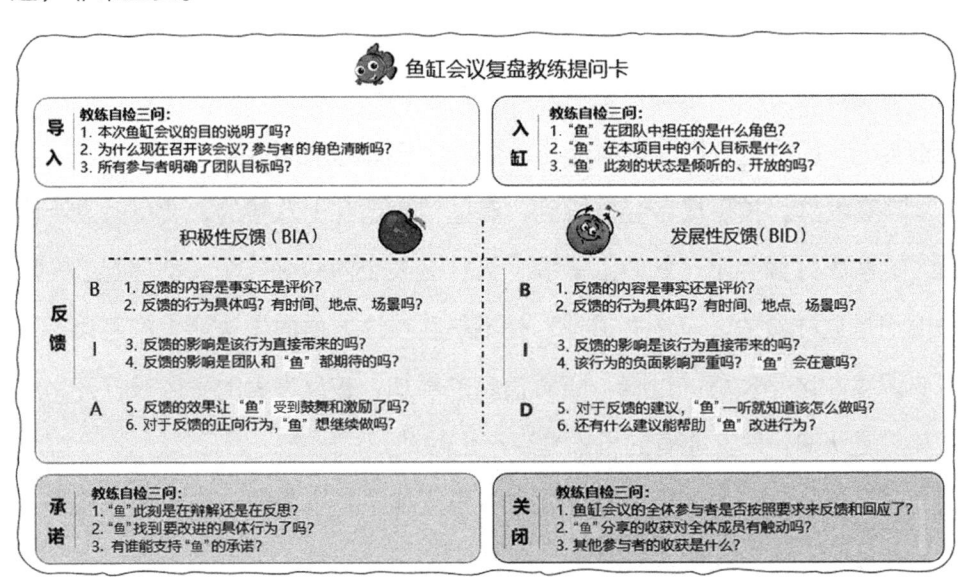

	教练自检三问		教练自检三问
导入	1. 本次鱼缸会议的目的说明了吗？ 2. 为什么现在召开该会议？参与者的角色清晰吗？ 3. 所有参与者明确了团队目标吗？	入缸	1. "鱼"在团队中担任的是什么角色？ 2. "鱼"在本项目中的个人目标是什么？ 3. "鱼"此刻的状态是倾听的、开放的吗？

	积极性反馈（BIA）		发展性反馈（BID）
反馈	B 1. 反馈的内容是事实还是评价？ 　 2. 反馈的行为具体吗？有时间、地点、场景吗？ I 3. 反馈的影响是该行为直接带来的吗？ 　 4. 反馈的影响是团队和"鱼"都期待的吗？ A 5. 反馈的效果让"鱼"受到鼓舞和激励了吗？ 　 6. 对于反馈的正向行为，"鱼"想继续做吗？	反馈	B 1. 反馈的内容是事实还是评价？ 　 2. 反馈的行为具体吗？有时间、地点、场景吗？ I 3. 反馈的影响是该行为直接带来的吗？ 　 4. 该行为的负面影响严重吗？"鱼"会在意吗？ D 5. 对于反馈的建议，"鱼"一听就知道该怎么做吗？ 　 6. 还有什么建议能帮助"鱼"改进行为？

	教练自检三问		教练自检三问
承诺	1. "鱼"此刻是在辩解还是在反思？ 2. "鱼"找到要改进的具体行为了吗？ 3. 有谁能支持"鱼"的承诺？	关闭	1. 鱼缸会议的全体参与者是否按照要求来反馈和回应了？ 2. "鱼"分享的收获对全体成员有触动吗？ 3. 其他参与者的收获是什么？

图3-13 鱼缸会议中的复盘教练提问卡

在鱼缸会议的不同环节有哪些注意点？复盘教练提问卡中讲得比较清楚。

- 反馈的内容到底是事实还是评价？
- "鱼"被激励了吗？反馈者的认可必须是发自内心的认可。
- 反馈的内容是事实还是评价？反馈的行为能不能具体一点？
- 反馈的影响是这个行为带来的直接影响，还是你臆想的？

- 能不能给予"鱼"清楚、具体的建议,让他一听就知道该怎么做?

……

这些问题就像敲钉子,每敲一下,都能在关键点上让鱼缸会议的效果更加深入。主导者经验越丰富,操作的效果越好。鱼缸会议是一种实践的技术,不使用就没用,就像游泳一样,听得再多也只是第一步,还是要下水。

知人者智,自知者明,期待鱼缸会议可以帮助更多人进入这样一个"明智"的境界。

第4章

心智反思复盘：U型画布

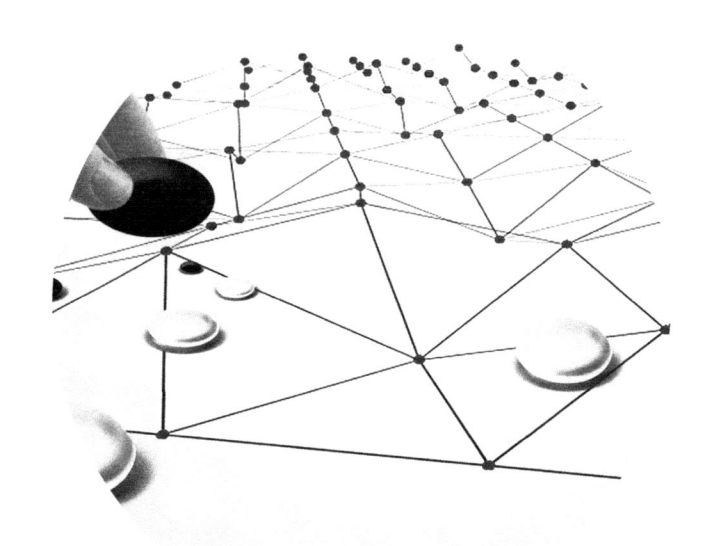

4.1 U型画布的框架解读

很多时候，用项目复盘画布对事情复盘，然后往下深挖，你会发现事情的根源还是人，要对人复盘。

对人进行复盘，可以使用鱼缸会议，用于探讨行为，改善自我认知；如果想挖得更深，可以使用U型画布，用于优化心智模式。

4.1.1 U型理论的缘起

U型画布这个工具非常有趣，既有流程思维的严谨，又有系统化思维的格局。

U型理论的开创者是奥托·夏莫，一位西方学者，他和学习型组织的创始人彼得·圣吉是好朋友，两人合作写过《第五项修炼·心灵篇》一书，很有名。他们在学习型组织的推动探索中发现，学习型组织最核心的因素在于领导和高层团队，他们的心智模式一定要善于打破旧的思维框架，创建新的思维框架。这不是知识的叠加，而是由内而外生长出来的智慧，就像小鸡破壳一样，砰的一下，突破一个临界点，是一种成长性思维。

这种思维突破怎么实现？该起个什么名字？夏莫造了一个词：Presensing，是Presence（当下）和Sensing（感知）的结合，中文译为"自然流现"，我更愿意把它叫作"顿悟"。如果有机会和夏莫做一次交流，他可能也会更倾向于这个词。

彼得·圣吉对中国文化有深入的了解，他曾经来中国走访交流，还拜南怀瑾为师。圣吉曾经说："如果我更早地接触中国的传统文化，可能不敢写

《第五项修炼·心灵篇》。"当然这可能是一种谦虚的表达,但能肯定,他从中国文化中得到了很多启发。圣吉曾经与中国学者交流,说"学习型组织"的"型"翻译得不对,因为没有任何一个组织是定型的,组织应不断探索、实践、行动,将"型"译为"行"更妥当,可见他对中国文化的严谨态度与探索精神。

圣吉和夏莫一起,像中国古代文人一样,到各个地方游学,感悟智慧,交流碰撞,随心沟通。通过这些体验,他们和南怀瑾说:"我们找到了实现'顿悟'的一套模式。"但是他们的模式和传统模式有些不同。人们所熟知的"顿悟"很多时候来自当头一棒,来自禅修的状态,而圣吉和夏莫把这种有点玄、有点复杂的东西工具化,推出了U型理论。U型画布由U型理论衍生而来,这个工具既有流程化、易操作的优势,又有系统思维的全局观和智慧,很有意思。

4.1.2 解读U型理论:知止定静安虑得

"顿悟"可以用工具带出来,可以让人们的思维打破旧框架,进入新状态,这就很厉害了。怎么做?有"知止定静安虑得"7个环节(见图4-1)。

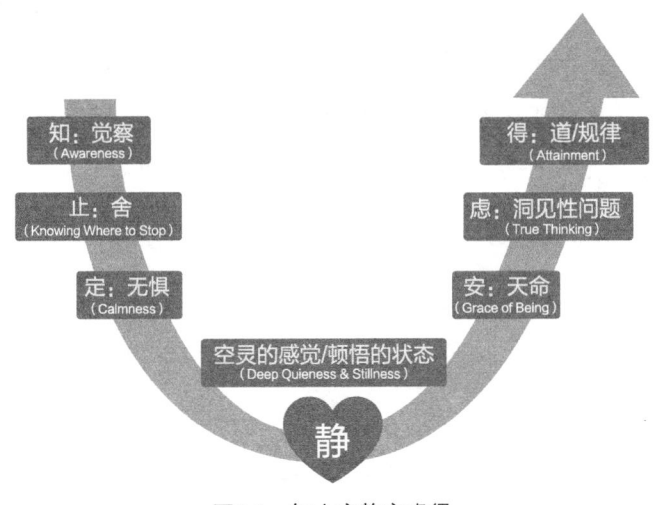

图4-1 知止定静安虑得

夏莫在《U型理论》一书中提到，这个理论和中国传统文化高度吻合。儒家经典《大学》中讲到"知止定静安虑得"，是说人的修炼和提升都经过了这7个阶段，这是脱胎换骨式的修炼和进步，这里面有顿悟的成分。知为觉察，止为舍弃，定为无惧，静为空灵的状态，安为安于天命，虑为发现洞见性的问题，得为得道，找到规律。每个阶段都有对应的英文，非常妙。

光看概念有点空泛，下面来看一个例子。小米公司的创始人雷军做过不少重大决策，让我们从旁观者的角度来观察他的决策行为和背后的心智模式变化与U型画布揭示的规律是否吻合。

雷军被誉为"中关村劳模"，他特别勤奋，很早就取得了一些成功，当时马云、马化腾有意向投资，但雷军拒绝了，也因此错过了很多机会。后来金山公司上市的时候，与腾讯、阿里巴巴的规模差了十万八千里。下面对当时雷军的想法做一些模拟。

知：觉察

作为一个"劳模"，虽然我取得了非常好的成绩，金山公司上市了，但是我错过了时代。我那么努力，整个公司那么努力，最后的回报却不太理想。形势比人强，应该赶上时代，借助大势。

形势比人强，借势，就是这时的"知"，觉察。

止：舍

在这个时候用巨大的精力"死磕"WPS，好像和大势反了。我要停下来。

在金山公司上市之后，雷军居然辞职了。这就是"止"。

定：无惧

停下来之后怎么办？定。人们经常讲某人有"定力"，定力是有基础的，财务自由可能是一种基本条件，或者要解决基本的生存问题，或者在某方面有强大的信心，心里有底。当然有人说生存问题不重要，那是个案。雷军当时是财务自由的，他的"定"就表现在成为互联网投资人，做大量的投资、观察、探索。这种状态，就是蓄势待发。

静：空灵的感觉/顿悟的状态

静下来，放空，观察移动互联网的发展趋势，从中找到自己的天命。这里对行业的分析判断我们就不赘述了，重点是透过行为观察雷军的心理。

安：天命

找到天命、使命，心就安了。小米找到了什么样的使命？

坚持做感动人心、价格厚道的好产品，让全球每个人都能享受科技带来的美好生活。

雷军对小米使命的解释如下。

我相信未来十年，小米会像20世纪七八十年代的索尼带动整个日本的工业一样，像20世纪90年代、21世纪三星带动韩国的工业一样，带动中国的工业变革与进步。小米的目标是成为中国的国民品牌，推动中国制造、中国设计真正成为驰名全球的世界级品牌。

这就是雷军找到的自己的"天命"。他已经完全实现财务自由了，为什么还有动力继续做"劳模"？因为他有自己的天命。

虑：洞见性问题

反思洞见性问题、信念层面的问题。天道一定酬勤吗？一个勤奋的人问自己。天道一定酬勤，他坚持这个信念。

得：道/规律

最后得出的规律是什么？风口来了，猪都会飞。作为一个投机者，说这句话是有问题的，但作为一个"劳模"，说这句话是一种反思。一个天生很勤快的人，意识到趋势的力量、风口的力量，这是他悟出的规律。更细致地说，小米形成了"七字诀"：专注、极致、口碑、快。后来又补充了一点：群众路线。雷军的解释是：

猪会飞不是被动的，是找到风口之后再使用一套模式，让它飞得更高，持续地飞，不会掉下来摔死。

以上是结合雷军的事业轨迹，对其背后心路历程的模拟。通过U型理论这样一种结构化工具，可以理解很多事物背后的规律，剖析规律的结构。结合实例来看，U型理论就不那么"玄"、更好理解了。

4.1.3 从U型理论到U型画布

在探索心理层面的规律时，需要尽量形成务实的工具。我们在U型理论的基础上，借鉴很多素材形成了"U型画布"这一工具（见图4-2）。

心智反思复盘工具：U型画布

两难选择			复盘对象	复盘时间
选项	选项A：	选项B：	复盘教练	
1.严重后果(VOJ)			7.行动计划	
2.负面形象(VOC)			6.行动策略	
3.底层恐惧(VOF)			5.新的愿景	
	4.当下的顿悟			

图4-2　心智反思复盘工具：U型画布

顿悟不是凭空而来的，而是基于一些重大事项得出的，要思考、决策，或者对之前做过的决策进行回顾反思。

面对两难选择，有选项A、选项B。从选项出发，一层一层揭开：每个选项的严重后果是什么？有什么负面形象？你的底层恐惧是什么？把这些内容揭开之后，你的底层思维就能够照镜子，能够看透，也许你就豁然开朗了。

"当下的顿悟"是什么？如果找到顿悟，自然就能够生长出来新的东西：新的愿景、行动策略和行动计划。这时候很重要的一点是要有一位复盘教练，懂得工具的底层设计，引导当事人走这样一个流程，通过提问让他慢慢放开，也许他就在过程中忽然生出智慧，长出顿悟。

以上展示了U型画布的框架，要了解它的使用流程与操作技巧，结合具体场景效果会更好。

4.2 用U型画布辅助难题决策

4.2.1 U型画布的多元化应用场景

我们通过3个典型场景来展示U型画布的使用方法，分别是工作场景、生活场景和自我复盘场景。在前面两个场景中，都是复盘教练辅导他人进行心智模式复盘；在第三个场景中，是自我复盘，即一个人在遇到重大的决策难题时，怎样使用U型画布一步步拆解，叩问内心，找到化解难题的钥匙。

场景1：用U型画布处理职场中的两难选择

如表4-1所示，这是工作中的一个典型案例。我们一边拆解流程，一边介绍复盘教练在过程中的引导要点。

两难选择：继续做职业经理人，还是转型做专业讲师？

相信很多人都会遭遇类似的职业困境。这里的选项A是继续做职业经理人，选项B是转型做专业讲师。

提示1：复盘教练的引导要点。

要点1：一定要选择两难场景。只有对重要事项做复盘，才有相应的价值。

表 4-1 职场中的两难选择

两难选择	继续做职业经理人，还是转型做专业讲师		复盘对象 张女士	复盘时间 2023年2月
选项	选项A：继续做职业经理人	选项B：转型做专业讲师	复盘教练 黄教练	
1. 严重后果（VOJ）	• 稳定性低，存在很多不确定性 • 自我价值的实现受外界束缚 • 无法成为终身职业，如果没有平台，就无法施展才华 • 内心压抑，甚至会忧郁抑郁	• 不确定性更大 • 刚转型时不被市场认可，没有价值感 • 有价值感，没有经济来源 • 没突破时，可能会颓废，失去激情，也可能会持续碌碌无为	• 聚焦最有潜力的客户和优势市场 • 从已成交客户身上做复制 • 制订专业学习计划 • 找合适的场合实操课程	
2. 负面形象（VOC）	• 只是打工，和朋友相比比较平庸 • 不能跟孩子吹牛	• 一份不稳定的工作 • 一段时间内收入不稳定 • 总是失败，这辈子就这样了，这个人可惜了……	• 广泛积累人脉 • 从已有的成功中扩大、复制 • 在工作中思考授课方向、专业知识	
3. 底层恐惧（VOF）	• 眼前一片漆黑，不知道怎么突破业绩 • 收入增长缓慢 • 可能有一天不被公司需要	• 学习和更新速度跟不上 • 学员挑战、质疑	• 继续开拓市场，寻求突破，享受到过程 • 10年后，成为专业讲师	
4. 当下的顿悟				
	• 最大的能量来自开拓，不能开疆拓土的生活，无法让人接受 • 目前的困惑来自业务暂未突破，迎难而上是自己的本色 • 先在喜欢的岗位取得成绩，后期考虑往专业岗位发展			
5. 新的愿景				
	• 积累专业知识，为转型做准备 • 10年后，成为专业讲师			
6. 行动策略				
	• 广泛积累人脉 • 从已有的成功中扩大、复制 • 在工作中思考授课方向、专业知识			
7. 行动计划				
	• 聚焦最有潜力的客户和优势市场 • 从已成交客户身上做复制 • 制订专业学习计划 • 找合适的场合实操课程			

当事人一定要有真实感受、切身体验。不管是当下面临的困境，还是曾经做过的困难决定；不管是职场困境，还是生活难题，都可以做心智反思复盘，因为只有拥有真实感受，才有思维的流动，才可能产生突破。如果选了一个虚拟的课题，或者当事人缺乏思考，到现场来就是为了完成任务，就没有对话的基础。

要点2：团队复盘效果更好。可以复盘个人问题，也可以复盘团队问题，但即使是复盘个人问题，也建议更多人参与，复盘教练可以带助理，带"吃瓜群众"。更多人的参与、更多的信息和思考角度，有助于当事人的信息补充和顿悟。

任何管理工具都要找到合适的场景，这是基本条件。如果不分主题，不分场景，那就是生搬硬套了。

提示2：复盘教练的引导流程是在"剥洋葱"。

做引导就像"剥洋葱"，不是由教练告诉当事人顿悟点在哪里，因为教练也未必知道。但教练相信当事人有智慧，一定能够破局，只是很多时候当局者迷，一时没有跳出来。教练通过工具、流程、提问，让当事人对自己的思想"剥洋葱"，走出思维困局，走出牛角尖。

在这次心智反思复盘中，"洋葱"有3层。

第1层：严重后果。洋葱的第一层是"严重后果"。请当事人坦诚开放地讲，不同的选项有什么严重后果。例如，选项A，继续做职业经理人，做销售管理，后果是"平台小，自我价值有限，无法成为终身职业，职业陷入困境，甚至自己都有点抑郁了"。如果是团队形式，其他伙伴、助理教练可以一同探讨，把直接的信息、事实表达出来，不要有任何心理障碍。

那么选项B"转型做专业讲师"的严重后果是什么呢？"突然跨越到新领域，有更大的不确定性；没有市场；失去价值；失去经济支撑；甚至做得不好会颓废，没有激情，一生碌碌无为……"这些都是可能的后果。

第2层：负面形象。当事人除了担心严重后果，还担心自己的形象、身份,形象人设很重要,这就是洋葱的第2层。继续做职业经理人可能有怎样的负面形象?"这个人没什么本事,一辈子就是打工人"。转型做专业讲师可能有怎样的负面形象?"这个人可惜了,本来工作好好的,一定要转型做讲师,现在局面也没打开,不上不下的,废了"。

第3层:底层恐惧。教练的功力在于能抓住当事人的底层恐惧。职业经理人的底层恐惧是"在这条路上太沉闷,收入没有太大的提升空间,感觉以后可能不会被需要了"。转型做专业讲师的底层恐惧在于"水平跟不上"。所以当事人在这一层十分纠结,很痛苦。

提示3:作为复盘教练,需要对人性有认知和把握。

这里补充当事人的背景信息。当事人是一位女性销售管理者,性格有点像董明珠,开拓性强,急躁,有魄力,也有点粗犷。这种性格的人最怕什么?最怕"我在这里就这样了,没有太大的发展空间,没有开疆拓土的空间,个人的能量被束缚了"。同时,这种性格的人非常希望得到别人的尊重。但转型做专业讲师,作为新手讲师,别人不见得尊重她。如果是内部讲师,基于她的职位,别人还会客气一下,做专业讲师,可能就"没有面子"。

做教练,要洞察人性,洞察当事人的底层恐惧,这是对教练功力的要求。

对这3层进行深入探索,充分打开,透彻地"剥洋葱"之后,就进入后续环节。

- 当下的顿悟。顿悟是一个难点。为了帮助当事人,复盘教练可以提问:"你的担心,第一是希望开疆拓土,但内心的愿望被束缚了,这让你很难受。第二,如果做讲师,没有得到尊重,也很难受。来做一个选择,如果担心做讲师得不到尊重,索性不做讲师了,能不能接受?"当事人说:"可以,因为不做讲师,在原来的职业经理人岗位还是可以得到尊重的,这是基本需求,可以接受。"复盘教练接着提问:"如果你一辈子都不开疆拓土,能不能接受?"当事人想了一下,说:"要说一辈子不去开拓新的领域,不能迸发自己的能量,肯定做不到。"

好了，是不是已经有答案了？两难选择，各种担心。以当事人的性格，"成为专业讲师不被尊重"是一种恐惧，"能量被束缚，一辈子不开拓新的领域，职业生涯没有上升空间"也是一种恐惧，并且第二种恐惧绝对不能接受。所以当事人得到自己的顿悟："恐惧、突破自我和成长，是我最大的能量。"这种顿悟可能也是很多人的心流体验，越是恐惧，越想去突破。

- 新的愿景。现在就转型成为一个不被尊重的"小白"讲师，的确不是最佳选择。当事人新的愿景是：在现有的职业领域继续开拓，成就自我；同时积累专业知识，为转型打基础，10年之后成为专业讲师。
- 行动策略。现有职业一定要破局，策略包括：广泛积累人脉，量变引起质变；从已有的大客户身上做拓展，复制成功。对于转型的准备包括：对自己的人设和授课方向做定位，先选定方向，再系统学习专业内容……
- 行动计划（略）。

这是第一个案例。可以看到，剥洋葱的过程，就是从受困于难题，到直面底层恐惧、比较、碰撞，最终产生顿悟的过程。

这个工具很简单，符合大部分人的思维规律。当局者迷，旁观者清，但让旁观者直接告诉当局者答案是没有用的。更有效的方法是作为复盘教练、助理教练，和当局者一起走这个流程，用U型画布让思维自然流动。思维是流动的，不是外力设定的，所以也常常被翻译为"自然流现"。在顿悟之后，再生长出新的愿景、行动策略、行动计划。

通过这个案例，可以看到U型画布的使用过程及各环节的操作要点。

场景2：用U型画布处理生活难题

如表4-2所示，这是一个生活中的案例。在工作和家庭生活产生冲突的时候，该怎样平衡？这也是很多人面临的一个典型问题。

表 4-2 工作与家庭生活的平衡

两难选择 / 选项	辞职陪伴孩子，还是继续工作		复盘对象	周女士	复盘时间
	选项A：辞职陪伴孩子（45%倾向）	选项B：继续工作（55%倾向）	复盘教练	张教练	2023年10月
1. 严重后果（VOJ）	• 收入减少，并且不固定，会降低自己的生活质量 • 养老保障面临风险 • 对孩子的物质投入会受到影响 • 对管控带来的收益并不是很有信心	• 叛逆期的孩子很难管教 • 过去依赖孩子外婆照顾，但孩子外婆年纪大了，越来越吃力 • 工作经常加班，很难兼顾家庭 • 自己感觉迷茫	7. 行动计划	• 了解给孩子找教练的经验和方式（讨论当天已完成） • 整合所学的行动学习技能，用到教育和工作中 • 学习行动学习方面的专业知识，并完成认证	
2. 负面形象（VOC）	• 可能会让孩子担心，觉得我想控制他，会强化我严肃的形象 • 孩子外婆会觉得我浪费了那么多年书，在家带孩子浪费了 • 和社会的连接更弱 • 天天相处有矛盾多，和孩子更疏远（新冠疫情期间试过）	• 孩子有时对我感到陌生、疏远 • 家人有时会抱怨，觉得我没有尽到责任 • 与孩子的连接不够及时 • 对工作中常常出现的变化和挑战感到担忧	6. 行动策略	• 给孩子找个教练 • 找到自己最愿意投入的工作任务，以创新的方法战挑战常规任务 • 对现有工作提高专业度	
3. 底层恐惧（VOF）	• 即使辞职，也是为了自己，而不是为了孩子 • 时间并不是高质量陪伴孩子的唯一方法 • 破局的关键在于找到高质量的教养方法		5. 新的愿景	• 对孩子：保持距离的高质量陪伴 • 调整工作方式，在变化的环境中开辟新局面	
	4. 当下的顿悟				

两难选择：辞职陪伴孩子，还是继续工作？

当事人有初步的倾向：45%的倾向回家陪伴孩子，55%的倾向继续工作。当然这是一个很纠结的选择，教练邀请学员们一起参加了U型心智反思复盘的过程。

第1层：严重后果。"回家陪伴孩子"这个选项的严重后果包括收入大受影响、生活质量下降、养老风险……

在剥洋葱的过程中，我们了解到当事人以前做财务工作，是个"劳模"，性格小心谨慎，对当下的工作感到很焦虑。而"继续工作"这个选项的严重后果包括：叛逆期的孩子很难管教；以前是孩子外婆带孩子，但外婆年龄越来越大了；自己现在到了新的岗位，很焦虑；难以兼顾家庭……

很多人面临两难选择，原因是思维陷入了瓶颈。复盘教练在这个环节不要急，要让当事人彻底放开，慢慢写，严重后果贴20张都没问题。充分剥开这一层，再剥第二层。

第2层：负面形象。"回家陪伴孩子"这个选项可能导致的负面形象有：孩子外婆会觉得我废了，读了大学，居然回家带孩子；孩子会觉得我没能力……另一个选项"继续工作"可能导致的负面形象有：这个人太要强，孩子这么重要的成长阶段都不陪伴。

教练在这个环节，需要营造一个开放的氛围，让"剥洋葱"尽量充分。

第3层：底层恐惧。选择"回家陪伴小孩"，怕"与社会的连接更弱了"，甚至还恐惧，"辞职回家，可能和孩子的心理距离更远"。当事人说，辞职回家，天天面对的都是一些鸡毛蒜皮的事情，眼界更小，很多事情孩子其实不爱听。

好了，还有什么？当事人又说："其实我可能在逃避一些东西，我喜欢和老朋友在一起，现在到了新的岗位，新人新事，我感到不适应。"有可能这个恐惧埋藏得更深、更真实。

还有什么？继续剥洋葱。"我还有一个恐惧，如果我真的回家，长期和孩子一起，担心会相处不愉快。因为前段时间我在家待了一周，总是和孩子拌嘴吵架，我觉得长时间居家这事太不靠谱了。"

当事人本身就是一个小心谨慎、充满恐惧的人，教练就是要让她把每个层面的恐惧都打开，然后问她："你是不是已经有选择了？"这时当事人的选择倾向已经很明显了。

当下的顿悟：当事人写了3条顿悟：时间并不是陪伴的唯一方法；关键在于找到高质量的教养方法；职业选择实质是为了自己，不是为了孩子。洋葱被一层层剥开之后，思维就跳出瓶颈了。决策是清晰的，那就是继续工作。具体怎么做呢？

新的愿景：保持距离的高质量陪伴；学会在变化的环境中开辟新的局面。时间要花得有价值、有意义，更要有长远规划，重新思考自己的人生下半场应该做什么样的人，怎么活，在职业的迷茫期把这种思考推向深入。

行动策略：可以给孩子找个教练；找到自己最愿意投入的工作；在现有的工作中提高专业度，提升资源协调能力；用创新的方法挑战常规任务，寻找更好的方法、策略；整合学习方法，提高技能；尝试在工作中使用行动学习的工具和方法，如可以立刻使用欣赏式探询；不要总是想着在工作中找退路……

当事人形成了很多行动策略，现场的助理教练、小伙伴也分享了给孩子找教练的过程及效果。后来，当事人真的去给孩子找教练了。当事人在面对原来的深层恐惧"多变的工作任务和目标"时，也变得更加从容和有力量，生活与工作的面貌大为改观。

这是第二个案例，面对如何平衡工作和家庭生活的问题，当事人最终使用U型画布获得顿悟并得出了解决方案，非常有趣、有效。

这两个案例都是真实事件，现场氛围开放，教练是新手，大家互相帮助，尝试用复盘工具解决实际问题。可以看到，U型画布虽然看起来有点复杂，但是容易上手，能够帮助当事人破解难题、走出困境，给其带来惊喜。

上面两个场景主要介绍了复盘教练如何辅导他人复盘，推动他人的反思和顿悟。下面这个场景将介绍如何使用U型画布进行自我复盘。

场景3：用U型画布进行自我复盘

作为心智模式改善的工具，U型画布当然也可以用到自己身上，给别人开药方之前，自己先吃。例如，我在创业经历中的一个巨大转变，就受益于内心深处持续的自我复盘。这里分享一下我当时的心路历程（见图4-3）。

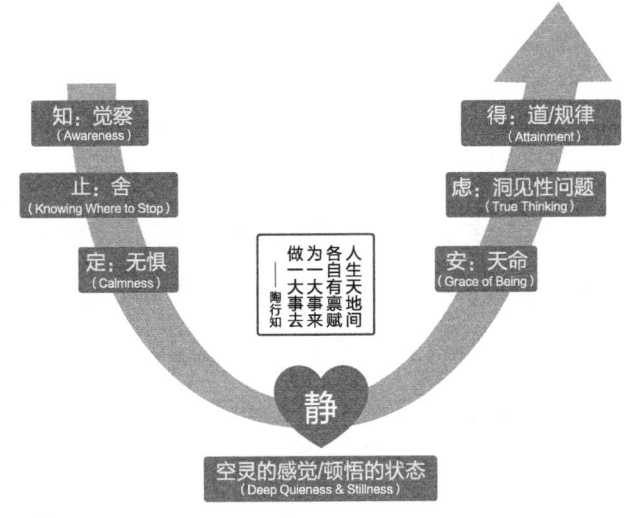

图4-3　我的心智模式复盘之旅

知：觉察

我持续创业，常常有很多天马行空的想法，个性比较务虚，探索了很多领域，投资了很多公司。这是对当年创业状态的自我认知、觉察。

止：舍

有舍才有得。2008年我做了一个巨大的改变，把很多不聚焦的业务舍弃，下决心要专注。这时我肯定会担心：收入会不会受影响？公司会不会受影响？

定：无惧

转念想想，我可能没有达到理想上的财务自由，但不要给财务自由定那么高的预期，某种程度上至少生存问题解决了，不要有太多担心、恐惧。

静：空灵的感觉/顿悟的状态

我对陶行知先生的一句话印象很深："人生天地间，各自有禀赋，为一大事来，做一大事去。"我被强烈地触动了：人一辈子不就干一件事吗？

安：天命

天命就是找到使命。如果让我聚焦一件事，我还是喜欢做培训。当年我还探索过财务咨询、中医产品，既然要聚焦，这些都要舍弃，这辈子就专注做培训这件事吧。

虑：洞见性问题

我问自己，如果走到生命终点，我希望别人怎么评价我？或者退休之后别人怎么评价我？我给自己贴了一些标签，希望自己是"绩效派行动学习开创者""培训师的老师"。这就是我找到的人生使命。

定位太重要了，只有脚下有根，才能抵得住风吹浪打，才能撑起自己的一片天地。所以我也常常问大家希望给自己贴什么样的标签，希望大家能有所思考，有定位，早定位。

得：道/规律

在这次反思中，我悟到的规律是：少就是多，做一件事就好了。

这就是我当时在创业方向上做巨大调整的心路历程，说起来简单，对公司的影响却极大。

人生的很多顿悟都是这样的流程，只是很多时候在脑海中自然流现，人们没有察觉其中的规律。通过U型画布这个工具，你可以有意识地进行自我复盘，为别人开出药方前自己先吃；或者请复盘教练来帮助你训练，从而不断学习，不断提升。

体验了以上3个案例，大家会有直观的认知。下面进一步探讨U型画布的一些应用技巧。

如何让心智反思复盘取得预期的效果？把握以下4个要点。

- 横向营造开放氛围。营造一个开放的氛围，让当事人彻底放开，真实地探索自己的内心，不会因为有顾虑、保守而掩饰自己。
- 纵向剖析充分打开。剥洋葱，针对严重后果、负面形象、底层恐惧，由浅到深、由易到难地分析，求深不求快，充分借助助理教练、团队伙伴的观点，将洋葱的每一层充分打开，思维的多角度和信息的充分性是激发顿悟的重要因素。
- 直面底层恐惧驱动。远离恐惧，寻找安全，是人性底层的驱动力。要充分挖掘底层恐惧。如果想在这个层面拓展深度和广度，也可以询问当事人以往特别兴奋、特别投入、处于心流状态的体验和事件是什么。恐惧与欲望、低谷与巅峰体验，都是强大的驱动力。根据主题的重要性，复盘教练可以在各层面控制挖掘的深度和广度。
- 激发顿悟多种选择。在充分发散之后，聚焦到顿悟环节，当事人是否有所感悟？有没有第三选择，甚至可以不做选择？两难选择是必然的吗？成熟的教练可以从不同的角度做激发，这时顿悟往往会自动涌现，然后当事人开始描绘新的愿景、策略与计划。

以上的案例都是针对个人的。那么，U型画布可以用于团队吗？

当然可以，方法类似。其实组织在推进工作的过程中，也经常卡在一些点上。人会钻牛角尖，组织也会这样。当组织面临一些重大抉择，大家感觉到迷茫的时候，也可以用U型画布来做激发。举例如下。

组织在进行绩效与能力提升时常常会做行动学习项目，关键环节包括深度会谈、启动会、4个月阶段复盘（可调整）、总复盘等。整个项目一定会面临组织心智模式从旧框架到新框架的转型突破，在各个关键环节都可以使用

U型画布，帮助组织进行集体反思与改善（见图4-4）。

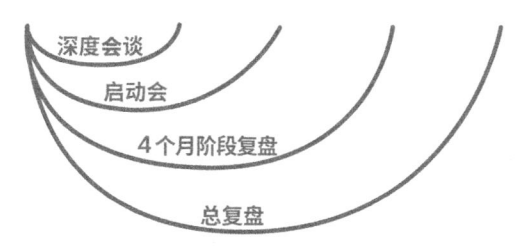

图4-4　行动学习项目中的U型心智反思复盘

在这种情况下，可以看到，"U型"不是走一遍就能够完成的，而需要走好几遍，越走越深，特别是团队的心智改善过程，需要经历长时间、多次的对话和实践来推动。

U型画布可以帮助人们迸发新的智慧。别小看顿悟，这是思维的巨大突破。多变的时代需要成长型思维，个人和组织的思维突破需要借助工具，有意识地做推动，让心智改善更快地发生。

4.2.2　心智反思复盘中的内功修炼：洞悉心智

U型画布这个工具并不复杂，教练只要基于流程，自我放空，通常都能达到预期。

但是准确识别底层恐惧和激发反思，直接关系到引导的成效，非常关键，这是需要修炼的。教练修炼的方式多种多样，我们提供了一种修炼工具给大家，就是"九型人格"（见图4-5）。

九型人格是一种古老的经验传承，是心智模式的一面镜子，每种性格都体现了不同的心智模式。什么是心智模式？就是人的底层思维和行为惯性，也可以理解成性格。图4-5列出了9种典型性格的偏好和底层恐惧，下面做一些简单的剖析。

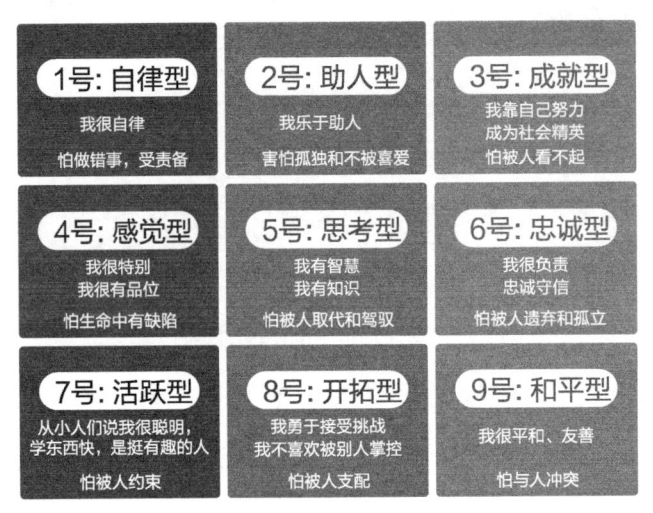

1号：自律型 我很自律 怕做错事，受责备	**2号：助人型** 我乐于助人 害怕孤独和不被喜爱	**3号：成就型** 我靠自己努力 成为社会精英 怕被人看不起
4号：感觉型 我很特别 我很有品位 怕生命中有缺陷	**5号：思考型** 我有智慧 我有知识 怕被人取代和驾驭	**6号：忠诚型** 我很负责 忠诚守信 怕被人遗弃和孤立
7号：活跃型 从小人们说我很聪明， 学东西快，是挺有趣的人 怕被人约束	**8号：开拓型** 我勇于接受挑战 我不喜欢被别人掌控 怕被人支配	**9号：和平型** 我很平和、友善 怕与人冲突

图4-5 九型人格的信念和恐惧

1号：自律型

这种类型的人引以为傲的就是"我很自律"，底层恐惧是"怕做错事，受责备"，做选择的时候总是担心"出错怎么办"。作为教练，可以这样引导："没关系，错的后果是什么？负面形象是什么？担心什么？担心谁会骂？骂了又怎么样？"此前我辅导过一些高管，他们从小就形成了这种"怕被责备"的思维模式，其实打开内心之后，他们会觉得："有什么关系呢？谁不会犯错？"

2号：助人型

这种类型的人害怕孤独，怕不被人喜爱。教练话术："你能让所有人都喜欢你吗？你在担心什么？"

3号：成就型

这种类型的人害怕被人看不起，所以拼命地工作，希望做出成绩。教练话术："被别人看重有那么重要吗？自我成长是不是更重要？"

4号：感觉型

这种类型的人怕生命中有缺陷。教练话术："生命中就是有缺陷啊！"

5号：思考型

这种类型的人怕被人取代和驾驭。教练话术："学一堆东西让自己吸收能量，你就不觉得自己会被取代了。学了那么多，是不是实践、创造价值更重要？"

6号：忠诚型

这种类型的人害怕被人遗弃和孤立。在4.2节的场景2中，当事人可能属于这种性格，有太多恐惧。交流之后发现，她恐惧的是工作中新的人和事，想在心理上找个退路。但如果真的回家带孩子了，她会更加恐惧，因为没有收入，所以最后还是要面对自己的恐惧，去解决问题。

7号：活跃型

这种类型的人怕被约束，怕痛苦。但人人都是在痛苦中成长的，逃避痛苦就意味着一辈子都无法成长，人有的时候就是要自我约束，要面对痛苦。

8号：开拓型

在4.2节的场景1中，当事人是8号性格，她害怕作为新讲师不被尊重，但绝不接受在职业生涯中没有发挥空间，失去开疆拓土的可能性，底层的恐惧一目了然。

9号：和平型

这种类型的人怕与人冲突。但要想做事，就要与人协调，很多时候甚至是不打不相识，所以冲突难以避免。

教练了解和剖析各种性格，并不是为了说教，而是希望在探究当事人底层恐惧的时候更加准确到位。九型人格工具是一种参考，也有些教练会使用MBTI工具，这些不见得是严谨的学术理论，但用来做长期经验总结，有很好的实用性，能够帮助当事人在交流引导中透视自我、透视他人。

当然，即使没有掌握类似的心理学工具，只要用合适的方式让当事人充分打开内心，展露问题，自己"剥洋葱"，也没有问题。

突破心智模式的过程是思维打开、反思、重建的过程。分析严重后果、负面形象、底层恐惧，都是在一层层地打开思维。思维打开了，再多角度观察，自然会有新的发现，重建认知。每个人的成长都是这样一个过程。当个人或组织遇到复杂问题，思维遇到瓶颈时，可以使用U型画布。

4.3 复盘演示：小鹏汽车的品牌名，到底要不要改

使用U型画布做心智模式复盘，可以用于自我复盘，也可以用于组织复盘，小有小用，大有大用。

对组织做心智模式复盘可能会面临更大的困难和挑战，你需要懂一点经营管理，别人也不会那么"听话"，可能会有习惯性防卫，甚至持不同观点。要实现心智突破，一定会面临观念冲突，这些都是挑战。

但是，对组织做心智模式复盘也会有巨大的收益，人员层级越高，组织规模越大，复盘的收益越可能呈指数级放大。所以对复盘教练来说，对组织做复盘是非常值得尝试的。

下面用一个热点话题来做面向组织的心智模式复盘模拟。之所以选热点话题，是因为大家熟知该话题的基本信息，这样才有共同讨论的可能。从背景到流程，我们都尽量模拟真实状态。你在对内部团队做引导，或者对外做收费复盘时，有可能遇到类似的挑战，希望对你有启发。

4.3.1 事件背景：小鹏汽车改名之争

"小鹏汽车要不要改名"是管理界的一个"瓜"，很多人觉得这个名字

很土，不利于消费者体验、品牌形象塑造。要不要改名是小鹏汽车自己的事情，但作为复盘教练或普通职场人士，透过热点现象去独立思考、运用工具代入思考，对自己很有帮助，对企业很有价值。用U型画布帮企业做心智模式复盘，能不能帮老板省1亿元？也许可以。

先看背景。小鹏汽车董事长何小鹏说："用普通的名字，做不普通的事。"什么原因？小鹏汽车不错，但名字有争议，何小鹏下决心说："我就不改名了。"

"小鹏汽车"这个名字普通，但何小鹏并不普通，他的履历可以说是"一路火花带闪电"。

2004年，何小鹏创办UC优视，推出UC浏览器，使其成为移动互联网时代的热门App。2014年，UC优视作价40亿美元并入阿里巴巴，创下中国互联网最高并购价。近300亿元人民币，何小鹏作为UC优视的联合创始人，获得了巨大的收益。

2017年，何小鹏创办"小鹏汽车"，出任董事长，之后在美国上市。在2019年福布斯全球亿万富豪排行榜中，何小鹏以13亿美元的财富排在第1 717位。

这个厉害的人物，用自己的名字命名公司和产品，在中国是一个突破性的事情，也是有争议的事情。下面看看他本人是怎么看待这件事的。

换名字，我们是不换的。我们看到这里有好多名字，这些著名品牌都是从人名里面来的（见图4-6）。

说实话，第一次听到"小鹏"这个名字，我也觉得挺土的，怎么有人会用名字做一个企业的品牌？对不对？万一他没做好，不是砸了自己的招牌吗？万一自己没做好，也砸了品牌，这多不好。

后来我慢慢想通了，换一个角度，把人名作为企业名，是一种认同、责任、信用，是一种信心的表现，也是一种文化自信。企业品牌的塑造来自它的创新、运营、服务和提供的各种可能性,而不是它的命名。

	奔驰	卡尔·本茨
	福特	亨利·福特
	劳斯莱斯	查理·劳斯 亨利·莱斯
	雪铁龙	安德烈·雪铁龙
	丰田	丰田喜一郎
	本田	本田宗一郎
	特斯拉	尼古拉·特斯拉

图4-6 与人名相关的著名品牌

"小鹏"虽然是一个很普通的中国名字,但拿到海外去可不普通。一开始,很多海外的朋友说发不出"xiao"这个音,因为受到其他语言发音习惯的限制,但是现在他们都可以读出来。"小米""小鹏"中都有"小"字,现在外国朋友已经能把"xiao"这个音非常准确、清晰地发出来了。

换个角度,再过5年、10年,甚至20年,中国名字、中国品牌会走向全球,我们中国应该有自信走下去、走出去。

通过这几段话可以看到,何小鹏是很有企业家精神的,用自己的名字也代表了一种自信。但是大家要跳出来思考,企业决策不能完全依靠个人自信和个人情感,需要从更多的角度进行分析。老板看待问题时有自己的视角,也有自己的局限。有时人们说老板"有胸怀",其中一个方面就是决策不靠拍脑袋,而是有科学的思维模式和决策体系,包括借用外脑、借力流程、工具等。下面就来做一个模拟和探索。

4.3.2 观点碰撞:不改名,真的站得住脚吗

要做理性分析,需要使用结构化工具,因为人都有固有思维、思维惯性。心智模式复盘的工具可选择U型画布。先做选项A的分析(见表4-3)。

表 4-3　心智反思复盘：小鹏汽车要不要改名（1）

两难选择选项	小鹏汽车要不要改名		复盘对象	何小鹏	复盘时间	2021年12月28日
	选项 A: 不改	选项 B: 改	教练	刘永中		
1. 严重后果（VOJ）	（问题：品牌名影响销量） 何：消费者慢慢接受了，外国人现在会发"xiao"这个音		7. 行动计划			
2. 负面形象（VOC）	（问题：名字土） 何：用中国名字代表了对中国文化的自信		6. 行动策略			
3. 底层恐惧（VOF）	（问题：用自己的名字是自恋） 何：用自己的名字代表认同、责任和信用		5. 新的愿景			
	4. 当下的顿悟					

注：在本案例中，何小鹏简称"何"，复盘教练简称"教练"。对话内容是为了说明工具的应用而进行的模拟，并非真实发生的。

两难选择：小鹏汽车要不要改名？仍然从3个层面分析。

严重后果：小鹏汽车不改名，严重后果有哪些？表4-3中列出了一项，"事"的层面：不改名，品牌名可能会影响销量。

负面形象：名字土。

底层恐惧：在价值观层面，可能会助长"自恋、自我设限"的意识，造成不利影响。

针对以上3个层面的问题，企业创始人何小鹏都一一做了回应。这也是人们做组织层面心智模式复盘的一种常态，越是高层，越是大规模组织，当事人越有既定的想法和观念，不像一般复盘那样通过流程就能自然得到结果。

"我不要你觉得，我要我觉得"。要打破当事人的这种执念，需要多角度的碰撞，这时候，复盘教练就要对相关主题有所了解，有对话的能力。

在复盘的过程中，把这些冲突性观点放到U型画布中，不能只呈现单方面的观点。U型反思的过程，也是观点碰撞、潜意识显性化的过程。当观点足够丰富，潜意识被充分挖掘，答案往往就浮现出来了。

看看何小鹏从创始人的角度是如何说的："没关系，消费者慢慢接受了，外国人会发"xiao"这个音了。"（品牌名不会影响销量。）"用中国名字代表了对中国文化的自信。"（名字不土。）"用自己的名字给公司、产品命名，是认同、责任、信用的表现。"（不是自恋。）

有道理，但这是老板单一的视角。对重大问题的决策，一定要跳出单一视角。下面从多角度来做分析。

先看"严重后果"层面。"外国人接受了，会发'xiao'这个音。"这肯定是客观事实，但从心理学的角度看，这叫"孕妇效应"，或者叫"幸存者偏差"。

孕妇效应：一个偶然因素随着人们的关注而让人们觉得它是个普遍现象。

幸存者偏差：一种常见的逻辑谬误，意思是只能看到经过某种筛选而产生的结果，而没有意识到筛选的过程，因此忽略了被筛选掉的关键信息。"幸存者偏差"的别名有很多，如"沉默的数据""死人不会说话"等。

拿一些小范围的事件去佐证一个大范围的规律，这是有偏差的。你接触的部分外国人能够发"xiao"这个音，这只代表一些非常小的改变。大部分国外消费者如果原来有发音障碍，我相信他们现在还没改过来。如果作为当事人，尤其是老板，仅通过一小部分现象就总结出一个规律，就会发生判断失误。

什么是"孕妇效应"？某个人怀孕了，她就会发现街上有很多孕妇。因为以前她没注意。

什么是"幸存者偏差"呢？有人去研究空军的战斗机，看有什么地方要加强。他发现飞回来的战斗机都是两翼中了很多弹，然后他根据数据分析，说:"两翼是最重要的,要强化两翼。"但实际上,如果飞行员的座舱被打中,战斗机还能飞回来吗?油箱被打中呢?他只看到那些飞回来的战斗机两翼被打烂了,好,那就加强两翼。他没看到那些飞不回来的战斗机,说不定它们是更重要的。这就是"幸存者偏差"。他只看到了幸存的现象,总结出了规律。但人们不能因为史蒂夫·乔布斯、比尔·盖茨都辍学了,成了亿万富翁,就得出规律:辍学就能成为亿万富翁。

但很多人就是会犯这样的错误。上文说,国外的消费者已经可以发出"xiao"这个音了。这纯粹是个体现象,老板可以拿来进行自我鼓励,但从理性的角度看,这一点不成立。

再看"负面形象"层面。"用中国名字代表了对中国文化的自信。"这个说法有些道理。当事人还列出了很多用人名来命名的汽车品牌作为佐证,但消费者的眼睛是雪亮的,网民的评论很犀利(见图4-7)。

图4-7 网民热评汽车名

我们看网民的说法:"小鹏汽车主要是小,大众就比较大。"这是说,人家至少选了名字中好听的部分。又如,丰田喜一郎的汽车品牌,叫"丰田",还可以,如果叫"喜一郎",就不好听了。将名字切成两段,这两段也有区别。还有网民说:"需要拉篇幅去证明,本身就证明这名字不行。""不是说用名字就土,是'小鹏'这个名字土"这个说法就扎心了。还有网民说:"总得承认,即使是人名,也有好听和不好听的区别。"

当局者迷,旁观者清,网民的评论虽然很扎心,但可以帮助当事人换一个角度看问题。很多时候当事人逻辑自洽，自己有一套说法，但角度太单一，所以这个层面也是值得商榷的。

再看"底层恐惧"层面。何小鹏说，他突破了自己的障碍："一开始觉得自己好像自恋，但用自己的名字的确是一种认同、责任、信用的表现。"这是有担当的企业家的气概，但换一个角度，这里面也隐藏了风险。

"马应龙"是个知名品牌，马应龙麝香痔疮膏在国内外都受到了广泛欢迎。几年前，马应龙开始做业务延伸，做眼霜了，马应龙牌眼霜。都是用人名给产品命名，你想不想买？然后马应龙又做了一次大胆的突破——推出马应龙牌口红。从痔疮膏到口红，很大胆。甚至在官方微博上，马应龙勇敢地把两个产品放到一起："据说，每个精致女孩的化妆盒里都有一支马应龙。我说的不是痔疮膏，是唇膏哦！"

用户怎么说呢？"马应龙，呵护你的每一个出口""总觉得有股味道""专业对口，上下兼顾"……在淘宝上，马应龙唇膏单品最高的月销量只有两位数。

想想看，名字承载着产品，消费者有自己的习惯思维，也有自己的习惯联想，这种联想是客观的，不是企业家决定的，是消费者决定的。所以很多时候企业家要有这样的思维：不要"我觉得"，而应该让"消费者觉得"。U型画布这种结构化的复盘工具，就是在帮助大家打开看问题的视角。

每个人都要改善心智模式，企业家也一样。霸王洗发水的老板是企业家，他用自己的头像作为Logo，霸王洗发水做得很成功。后来他做霸王凉茶，却亏得一塌糊涂。为什么？不是说不能用同样的名字，而是消费者对名字的联想会带来严重的后果。有多严重？你可以问老板一个问题，如果是普通消费者，他喝霸王牌凉茶的时候，能喝出什么味道？能喝出洗发水的味道吗？这肯定不是事实，但这是消费者的认知，消费者的认知比事实还重要。

每个人都有自己看问题的角度，但一定要回到消费者的角度。消费者觉得"小鹏"这个名字和汽车是否有关联？是一种非常美好的、加分的搭配，还是一种干扰？这种重大的决策，一定要从多角度去判断。

4.3.3 启发顿悟：用户心理学也是一门科学

分析了上述3个层面，你有什么顿悟？如果要提炼，你可能会说："产品命名其实很重要，是营销的工具和手段。"

艾·里斯与杰克·特劳特合著的《定位》一书被称作"有史以来对美国营销影响最大的观念"，作者提到，"给产品起个好名字，是定位时代唯一能做的、最重要的决策，好名字是长期成功的最佳保障"。

别小看名字，说"名字并不那么重要，最后还是产品说话"。是的，产品很重要，但是你要把产品卖给消费者。尤其是当消费者购买大件商品的时候，那是他的"孩子"，不是企业家、厂家的"孩子"，他一定希望这个"孩子"有个好名字，这是消费者的基本心理需求。

"如果品牌名是一个乘数，好的品牌名带来的效果等于所付出的努力乘以2，不好的品牌名带来的效果等于所付出的努力乘以0.2。"这是特劳特中国公司专家邓德隆的说法。

所以大家可以感受一下，为什么我们说"懂心智模式复盘，给产品起个好名字，也许能帮老板省1亿元"。每家公司的年销售额长期积累，可能是几亿元、几十亿元甚至几百亿元，它是整个组织长期奋斗的结果。这样一个巨大的数字，在起名字这个点上，乘以2和乘以0.2，是有巨大差别的。

下面来直观地感受一个例子。可口可乐1927年进入中国上海，谁知道那是个什么东西？黑乎乎的，多难喝！一开始它的中文名字是"蝌蝌啃蜡"，味道奇怪，名字奇怪，销量非常差。后来经营方征集名字，中国教授蒋彝起了一个"可口可乐"的名字，击败对手，获得了350英镑的奖金。这也是迄今为止广告界认为翻译得最好的一个品牌名：忠于原文，寓意美好，朗朗上口，易于传播。现在来看，这个名字起码价值百亿元。蝌蝌啃蜡，可口可乐，这是多大的区别呀。

企业家都非常务实，务实的同时也要重视消费者心理。怎样突破自己的思维局限呢？

何小鹏有个亦师亦友的好朋友，雷军。小鹏汽车成功上市，雷军在敲钟现场给了何小鹏一个大大的拥抱，还给了他一个奖品——1根1千克重的金条。为什么？雷军投资过何小鹏的UC优视，也投资了小鹏汽车，小鹏汽车上市，市值超过10亿美元。雷军有过承诺，他投资的企业，只要市值超10亿美元，就会奖励一根金条，所以何小鹏很高兴地拿到了这个奖品。作为一个务实的企业家，何小鹏可以思考：从自己的好朋友雷军身上能学到什么？

雷军是有名的"中关村劳模"，非常勤恳务实，在"务虚"方面并不擅长。互联网行业前辈马化腾、马云找他投资的时候，他还看不上。他带着一众员工非常勤奋地工作，很辛苦，最后发现自己离马化腾、马云越来越远。雷军的反思是"顺势而为很重要"。后来他从金山公司辞职，安静了一阵子，做了一些投资观察之后开始做小米，小米就是顺势而为。所以雷军有句经典的话："站在风口，猪都能飞起来。"如果是别人讲这句话，可能是投机主义，但踏实干活的人说这句话，是一种反思，这才是企业家的一种巨大突破。不仅企业家，作为职场人，也要有这种思维，踏实干活很重要，借势也很重要。

思考一下名字背后的故事。先来看一些生活中的例子。网上有个段子。

一直搞不明白

为什么小明小红，一听就是小孩

而小王小张，一听就是大人

小李一听就是司机

大黄一听就是狗

王大爷一听就有低保

而老王

一听就知道住得不远……

"隔壁老王"一词有些调侃的意味，但也说明人们对名字天然有很多联想。

我们从以上分析中得出的感悟是：用户心理学也是一门科学，要顺势而为。假如小鹏汽车借助外脑，借用工具，大家多角度碰撞，也许能碰出一些新的思路。

4.3.4 角度转换：如果改名，会有什么影响

现在来看另一个选项，小鹏汽车如果改名，会有什么影响？该怎么决策？不改有不改的理由，何小鹏已经讲了他的观点。现在从另一个角度来做观点碰撞（见表4-4）。

表4-4 心智反思复盘：小鹏汽车要不要改名（2）

两难选择 选项	小鹏汽车要不要改名		复盘对象 教练	何小鹏 刘永中	复盘 时间	2021年 12月28日
	选项A：不改	选项B：改				
1.严重 后果 （VOJ）	（公众：品牌名影响销量） 何：消费者慢慢接受了，外国人现在会发"xiao"这个音	何：折腾品牌名称是无用功，创新、运营、服务等才是打造品牌的关键 教练：品牌名极其重要，有乘法效应，值得折腾	7.行动计划			
2.负面 形象 （VOC）	（公众：名字土） 何：用中国名字代表了对中国文化的自信	何：改名，说不定消费者还是觉得土，而且认为我们是瞎折腾 教练：折腾也是营销活动，文化自信也要借势造势	6.行动策略			
3.底层 恐惧 （VOF）	（公众：用自己的名字是自恋） 何：用自己的名字代表认同、责任和信用	何：折腾名称，不务实 教练：务实+务虚=顶级企业家	5.新的愿景			
	4.当下的顿悟					
	用户心理学也是一门科学，要顺势而为					

严重后果：折腾品牌是无用功，创新、运营、服务等才是打造品牌的关键。是的。但想一想看，品牌名也很重要，有乘法效应。

负面形象：改名，说不定消费者还是觉得土，而且认为我们是瞎折腾。对，但折腾也是营销活动，文化自信也需要造势、借势。

底层恐惧：折腾名称，不务实。其实务虚和务实相结合，才是顶级企业家的做法。职场人士也一样，以务实为基础，在一些关键的事情上，要懂得务虚和借势。

以上是当事人对改名的担忧，以及我们模拟的作为复盘教练所提出的碰撞性观点。多角度碰撞之后，大家觉得可能改名更好，至于改的效果怎么样，现在还不知道，不过可以观察和学习其他品牌，做参考借鉴。

雷军实现了巨大的思维突破，从当年勤勤恳恳到后来懂得借势，这是顶级企业家的风范。下面看看他对品牌形象的调整（见图4-8）。

新Logo　　　　旧Logo

图4-8　小米的新、旧Logo

2021年，小米推出新的Logo，将Logo从方形改成圆形，花了200万元。网上有很多不同的声音，有网友恶搞了一下，模拟雷军和日本设计大师原研哉的对话。

雷军：不愧是日本设计大师，新Logo融入了东方审美与哲学思考，真是很高级呀！赞！

原研哉：中国客户真好忽悠，我其实真的只是倒了个圆角而已。这就过稿啦！爽！

有网民建议雷军赶紧报警，认为他被人骗了200万元。这都是看热闹，下面看看能不能从"吃瓜"中长一点智慧。

美不美纯粹是个人观点，可能改后美了一点，但如果让我花200万元，我肯定不干。但雷军就这么干了，设计费花得值不值不知道，但这件事最后肯定是超值的，网民恶搞一下，将这件事变成了一场营销活动，消费者的关注度一下子飙升，这就是眼球经济。除了这个200万元，还有更猛的。

小米的域名从xiaomi.com改为mi.com（见图4-9），花了多少钱？360万美元，折合人民币2 000多万元。雷军说："这个修改是为了适应小米的国际化战略。"国外的大量消费者真的能发"xiao"这个音、记住这个音吗？很难，不要以为消费者很容易被教育，很容易改变，一定要顺势、借势。当然还需要扎扎实实做产品，这两个都是必不可少的。

新域名　　　　　旧域名

图4-9　小米的新、旧域名

理工科出身的职场人士、老板往往对"务虚"嗤之以鼻。雷军是理工科出身，我也是理工科出身，不喜欢务虚，但现在看到这些对品牌的定位、调整，我觉得能接受、能理解，也非常必要。

从以上心智模式复盘的过程看，对于企业的重要决策，怎么定、怎么改，都是企业家说了算，但一定要避免用单一视角，拍脑袋做决定。你永远可以自圆其说，但单一视角会带来巨大风险。对职场人士、企业家而言，使用结构化的心智模式复盘工具，获取不同的视角，对个人的成长和成功极其重要。

对于"小鹏汽车是否应该改名"这件事，如果认识到消费者心理的重要性，即使后面改的名字不是很理想，对重塑消费者认知来说也是重大的突破。这次模拟实战的重点在于两难选择下不同角度观点的碰撞，以及顿悟是如何产生的。观念的冲突和引导是难点。观念明确之后，我们把后续的几个环节也做一些延伸（见表4-5）。

表4-5 心智反思复盘：小鹏汽车要不要改名（3）

两难选择选项	小鹏汽车要不要改名		复盘对象	何小鹏	复盘时间	2021年12月28日
	选项A：不改	选项B：改	教练	刘永中		
1. 严重后果（VOJ）	（公众：品牌名影响销量） 何：消费者慢慢接受了，外国人现在会发"xiao"这个音	何：折腾品牌名称是无用功，创新、运营、服务等才是打造品牌的关键 教练：品牌名极其重要，有乘法效应，值得折腾	7. 行动计划	略		
2. 负面形象（VOC）	（公众：名字土） 何：用中国名字代表了对中国文化的自信	何：改名，说不定消费者还是觉得土，而且认为我们是瞎折腾 教练：折腾也是营销活动，文化自信也要借势造势	6. 行动策略	举办全球征名活动		
3. 底层恐惧（VOF）	（公众：用自己的名字是自恋） 何：用自己的名字代表认同、责任和信用	何：折腾名称，不务实 教练：务实+务虚=顶级企业家	5. 新的愿景	中国名字的品牌将走向全球 （小鹏汽车，未来交通探索者）		
	4. 当下的顿悟					
	用户心理学也是一门科学，要顺势而为					

新的愿景：小鹏汽车，未来交通的探索者。对于愿景的阐释，有一句描述：中国名字的品牌将走向全球。这是一个非常棒的梦想。

当然，相对于"中国名字的品牌"，更重要的是"中国品牌"，不一定要用人名，只要是中国品牌就可以，这都代表了中国的文化自信。大家需要打破一些执念，不见得非要把人名放进去。也可以将"小鹏汽车"作为公司名，而在系列产品中使用不同的品牌名。例如，比亚迪的产品系列用中国朝代命名，蕴含了强烈的传统文化，如唐、宋、秦、汉。这也是一种探索，这种品牌名是不是更符合消费者对自己"孩子"的想象呢？

2001年，天津汽车公司引进了日本卖得最好的一款车，丰田NBC系列，这是日本和欧洲1999年的最佳车型。引进后，天津汽车公司在起名字上栽了大跟头，叫夏利2000。当时夏利在中国代表"最便宜的车"，在出租车行业，夏利车型占50%以上。引进一款很时髦的车，名字叫夏利2000，车主会不会被人误会是出租车司机？这款车在中国卖得很差，上市不久就出现库存和降价，这和这款车的名字、定位失误是有关系的。

行动策略：借改名来造势，如举办全球征名活动，影响世界各地，使各国人民关注中国品牌、中国产品。这里重点看定位和观点碰撞，具体行动就不展开叙述了。

行动计划：略。

其实小鹏汽车还有一些品牌活动，能够看出其对消费者认知的关注，如2021年小鹏汽车的"品牌焕新"，Logo升级活动（见图4-10）。

新Logo　　　　　　　　旧Logo

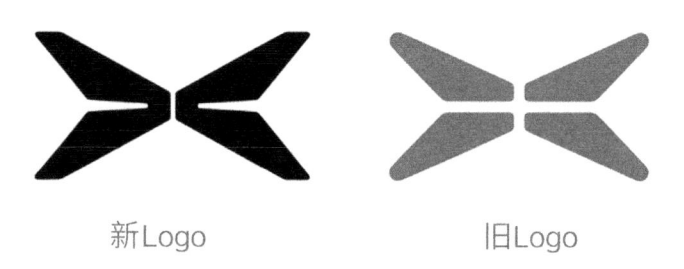

图4-10　小鹏汽车新、旧Logo

品牌焕新，从"智能汽车引领者"到"未来出行探索者"，大张旗鼓地宣传。这个新Logo变化也不大，把4个独立的叶片连接起来，成为两只翅膀，这个新的设计值不值200万元？我觉得还是值得的，新的设计更加美观，带给消费者的内涵也不一样了。

这个案例是借热点事件做一次复盘模拟，不管小鹏汽车改不改名，代表的都是中国品牌，期待小鹏汽车可以更好地走向世界。

企业家往往有自己的信念、执着、勇气，支撑自己在不确定的环境中一路向前。坚持是成功的必要条件。同时，在做关键决策的时候，应当警惕单一视角、单一思维带来的巨大风险，可以借助团队、外脑、结构化工具等，开放思维，多角度碰撞，提升决策质量。这一点对所有的职场人士都适用。

第 5 章

企业文化复盘：未来探索

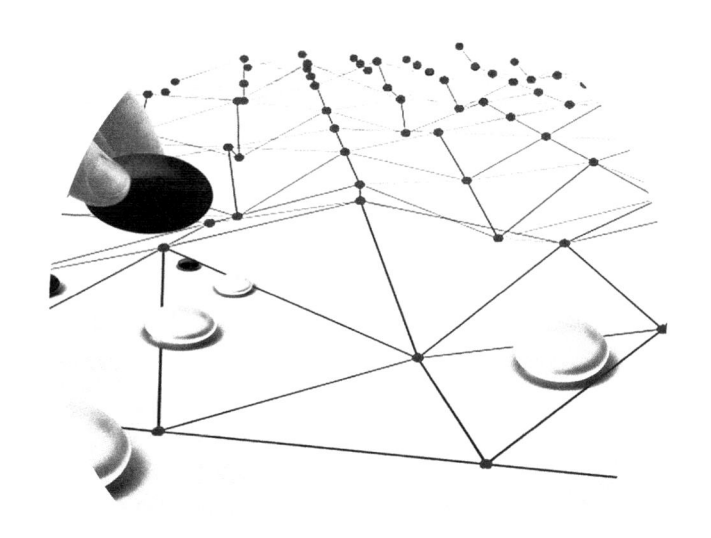

在本章，我们探讨的主题是"五步复盘企业文化，打造高效团队和组织从基因入手"。本章带给大家的是企业文化的复盘工具，叫作"未来探索"。

截至本章，我们已经介绍了一系列复盘工具。

- 项目复盘画布，对项目和重点工作从4个层面做深度剖析。
- 鱼缸会议，对人的行为做剖析和反馈。
- U型画布，面向人的底层思维，对思维逻辑、思维习惯做复盘，帮助大家做重大决策。

文化作为组织的深层基因，决定了企业的成败。本章讲的未来探索复盘工具，可以让企业文化建设与宣贯、落地工作更有深度，更有成效。

本章主要探讨3点。

- 解读文化与组织的基因：企业文化三要素。虽然企业文化比较虚，比较枯燥，但如果能通过合适的管理工具把虚的企业文化做实，做到逻辑清晰，深入人心，会非常有帮助。
- 文化复盘工具解析：未来探索五步法。我们会对工具做具体解读。
- 年中及年终的一次复盘，效果也许能持续半年。这是对文化复盘工具的应用，很多公司会半年或一年做一次文化复盘，效果非常好，并且能长期保持。

5.1 全局视角：企业文化是战略级管理工具

5.1.1 企业文化：组织的长寿基因

很多人觉得企业文化很虚，偏偏老板又非常重视。不得不说，企业文化对组织非常重要,可以说是组织基因。

什么是组织基因?

我在授课时会和学员玩一个游戏:算命。老师年龄很大,助教很年轻,两个人年龄相差几十岁。大家的期望都是一样的——活得越久越好。现在大家猜猜,谁更长寿(见图5-1)?

图5-1　判断谁的寿命更长,有哪些影响因素

学员可以问我和助教各种问题:抽不抽烟?喝不喝酒?有没有病症?假设这些因素大家都差不多,就像两家企业一样,相互竞争。可能两家企业当下有差异,但是大家不断学习,研发、产品、营销、物流……各个方面都逐渐到了相近的水平,最后凭什么判断其中一家企业会更加成功?对个人来说,基本条件差不太多,凭什么判断谁能活得更久?

最后大家自然就归结到一个问题上:你们两人谁的父辈、祖辈寿命更长?

这就是一个基因的问题。当所有的外在因素都接近的时候,最本质、最核心的竞争力是基因。人是这样,组织也是这样。向外学习,可以快速复制经验,一个组织在某方面有优势,其他组织可以马上将这个优势复制过来,但最难复制、最核心的竞争力是企业文化。

所以对于看起来挺虚的企业文化,必须加以辨识和研究。

什么是企业文化？埃德加·沙因的《组织文化与领导力》一书是企业文化领域的奠基之作，他这样描述企业文化。

企业文化是企业成员在互动的过程中形成的，为大多数成员所认同和遵循，并用来教育新成员的一套价值体系（包括共同意识、价值观念、职业道德、行为规范和准则等）。

企业文化是一种基本假设的模型——由特定群体在进行外部适应与内部整合的过程中发明、发现或发展出来，由于运作效果好而被认可，并传授给组织新成员，作为他们感受、理解和思考相关问题的正确方式。

关于企业文化，有两个关键词需要理解。

第一个关键词是"价值体系"。什么是价值体系？价值体系，就是企业的各种规则所蕴含的信念和标准。明规则、潜规则，都是企业文化的体现。

举个例子，中国有句老话叫"不听老人言，吃亏在眼前"。老人身上有宝贵的经验，这种经验可能是必须遵守的，这就是一种规则。企业的各种规则包括共同意识、价值观念、职业道德、行为规范等，它们一起组成了价值体系。这些规则最好是明规则，不要是潜规则，清清楚楚地告诉大家，"把老人的经验写下来"，不要暗箱操作。

第二个关键词是"基本假设"。有了一套价值体系，人们希望将其传承下来，对个人和组织来说，这都是刻在骨子里的基因。人们常说的"书香门第""家法家规"，都是价值观的传承。价值观的背后一定有一些假设，如"不听老人言，吃亏在眼前"。老人们还经常说，要"春捂秋冻"，春天来了，不要急着减衣服，先捂着，因为一不小心就会感冒；秋天来了，不要急着加衣服，因为后面还有冬天，衣服加太早了，冬天扛不住。

"春捂秋冻"，就是你要遵循的规则，对吧？但这套规则背后的基本假设是什么？基本假设是一定有春夏秋冬四季，但这个假设不一定对。如果你去东南亚，去赤道附近，那里没有春夏秋冬，只有旱季、雨季。当前全球气温升高，气候发生了巨大变化，中国以后说不定也没有春夏秋冬。对于小范围的基本假设，人们都认为是天经地义的。但世界变化很快，环境日新月异，过去的基本假设现在还适用吗？这一点要梳理清楚。

任何组织的规则体系都有基本假设，对企业来说，这种基本假设是一种愿景：我们的组织能够走到哪里？未来这个组织是什么样的？基本假设明晰了，组织基因才能得到更好的传承。过去的基因让组织获得了目前的成功，基因也能够不断进化，让组织在未来取得更大的成就。

通过简单的描述，相信你对企业文化有了初步的了解。要想通过复盘来建设企业文化，需要对企业文化三要素做拆解，如图5-2所示。

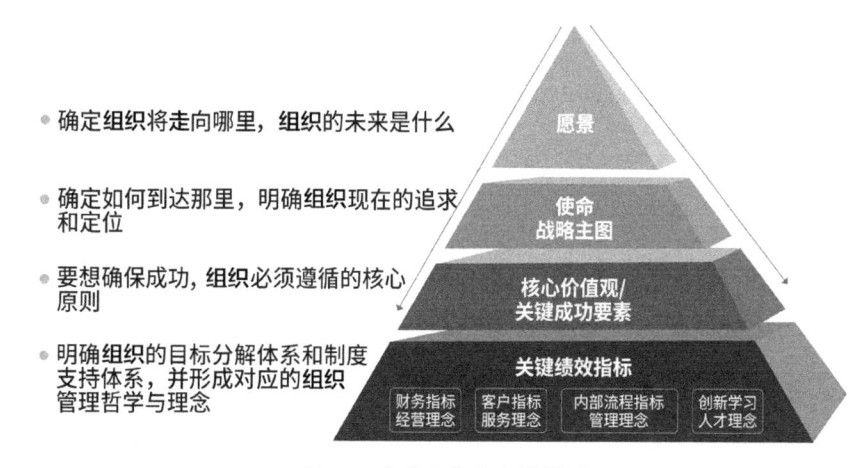

- 确定组织将走向哪里，组织的未来是什么 —— 愿景
- 确定如何到达那里，明确组织现在的追求和定位 —— 使命 战略主图
- 要想确保成功，组织必须遵循的核心原则 —— 核心价值观/关键成功要素
- 明确组织的目标分解体系和制度支持体系，并形成对应的组织管理哲学与理念 —— 关键绩效指标（财务指标 经营理念／客户指标 服务理念／内部流程指标 管理理念／创新学习 人才理念）

图5-2　企业文化金字塔模型

愿景、使命、价值观，就是企业文化的三要素。在基础层面，企业的关键绩效指标往往来自企业文化金字塔的上三层，但员工了解的往往是具体的关键绩效指标，对上三层的内容却缺乏了解。下面对这个金字塔做一些解读。

愿景：组织成功之后，未来的景象是什么样的？

使命：要实现未来的梦想，组织长期的战略是什么？要坚持做什么？

核心价值观：在坚持和履行使命的过程中，有哪些基本的规则要执行？制度是一种规则，但仅有制度还不够，还要有很多原则性要求。

关键绩效指标：从关键成功要素往下，做关键绩效指标的分解。

161

光讲概念不好理解，我们讲个故事：有个人入错了行，进入"小偷"这个行业，但他很有追求，给自己立下了"9个字"的志向（见图5-3）。

图5-3 小偷的志向

第一，三百六十行，行行出状元，他立志要成为"盗圣"。第二，和别的小偷不一样，他是有追求的，追求"盗亦有道"。第三，怎样做到"盗亦有道"？他确立的基本规则是"智、勇、信"。什么是"智"？偷东西之前要先做调研，哪家有钱，哪家有狗，要做风险收益评估。什么是"勇"？每次偷东西都是团队作业，这个"盗圣"每次盗窃是第一个进去，最后一个出来，充满了"大无畏精神"。什么是"信"？就是团队的分赃要公平公正，内部公开。所以，这9个字是有结构的。

- 事业成功之后，我就成了"盗圣"。这是愿景。
- 在偷盗的职业生涯中，我要长期坚持"盗亦有道"。这是使命。
- 偷盗作业最基本的3个原则：智、勇、信。这是价值观。

所以说，企业文化不是空洞和枯燥的，它是很鲜活的成功要素，从任何成功的组织、成功的团队、成功的家族中，都可以梳理出愿景、使命、价值观。

四大名著之一《水浒传》中也有企业文化的因素。想一下这个问题：宋江为什么能取代晁盖、王伦？王伦当时的议事大厅叫"聚义厅"，强调

"义"字；宋江接手后改名叫"忠义堂"，除了义还要忠，光有义气成不了大事，还要有忠诚，这是更高的文化层面。他们的使命是什么？"替天行道"，不是一般的"落草为寇，打家劫舍"了。他们的梦想是什么？是不是"把皇帝老儿推翻了，我们自己来当皇帝"？不是，他们希望皇帝把大家招安了，让大家当官，把原来的贪官杀掉，自己做好官。这是宋江对未来世界的描述，这是他的愿景。宋江的威望能胜过晁盖、王伦，可以说是境界、格局的降维打击，是企业文化的胜利。

当然，也正是宋江团队错误的愿景导致了后来的悲剧。如果你从企业文化的角度对梁山好汉做复盘，也许可以这么说：他们的价值观、使命都不错，但是愿景错了，这是最终失败的根源。

在你刚开始了解企业文化的时候，会觉得它很虚，但当你看到一个个组织的文化与命运轨迹时，就会发现，企业文化一点也不虚，它是关系到企业成败的，最本质、最核心的竞争力。

下面来了解企业的愿景、使命、价值观。

5.1.2 如何理解企业愿景

愿景是什么？有的企业出于宣传的需要，将愿景、梦想描述得美轮美奂，虚头巴脑。要知道，愿景要起到凝聚共识的作用，对内一定要有明确、清晰、简单直白的解读。愿景代表了企业成功时的景象，这个景象不能虚幻、模糊、错位。下面来看看一些成功的企业是如何描绘愿景的（见图5-4）。

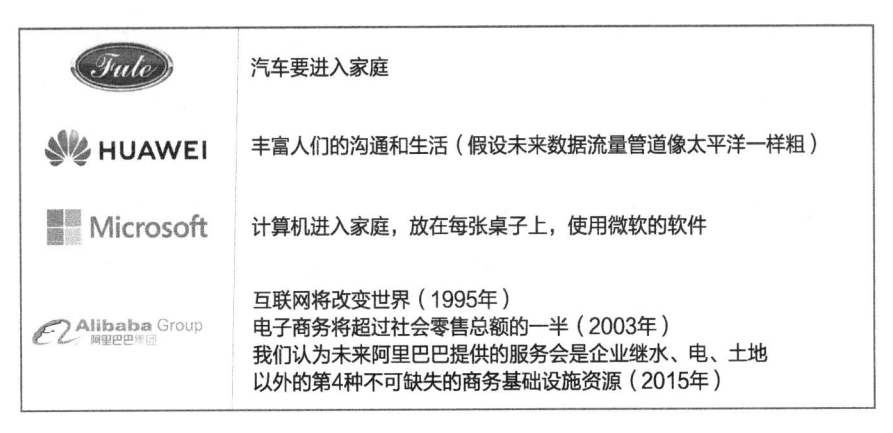

Ford	汽车要进入家庭
HUAWEI	丰富人们的沟通和生活（假设未来数据流量管道像太平洋一样粗）
Microsoft	计算机进入家庭，放在每张桌子上，使用微软的软件
Alibaba Group 阿里巴巴集团	互联网将改变世界（1995年） 电子商务将超过社会零售总额的一半（2003年） 我们认为未来阿里巴巴提供的服务会是企业继水、电、土地以外的第4种不可缺失的商务基础设施资源（2015年）

图5-4 一些成功企业描绘的愿景

汽车刚刚发明的时候，很多人嘲笑它还没有马车跑得快。福特公司提出了自己的愿景："汽车要进入家庭。"在那个年代，这是一个愿景，也可能是胡思乱想。但当一家企业提出来的"胡思乱想"和时代的脉络吻合了，企业又拼命地去推动，让这个"胡思乱想"成为大势所趋，这家企业是不是可以取得巨大的成功？

阿里巴巴前参谋长曾鸣说："愿景就是远见，就是看到未来的能力，对未来的预测、把握，是你对产业终局的判断。"

愿景就是远见和看到未来的能力。一家企业对其所属产业、所属行业、所属细分领域是否有一个判断？行业在未来会发展成什么样？自己在其中是否能占据一席之地？是否有可能成为领跑者？这就是更加直观的愿景。

以前经常有人问我产业终极怎么办？我看不到怎么办。

我今天的回答，你看了总会看明白的，只要有这个意识、有这个动作、有这个积累，什么时候火候到了，自然就看明白了。这个东西虽然不用强求，但是你不做是肯定没有的，很多人其实连意识都没有。

这是阿里巴巴前参谋长曾鸣在给企业家上课的时候说的话。做了企业家，就要不断地对产业做预判，一开始可能看不明白，甚至看错，但不要紧，只要有这个意识，总有一天能够看明白，从而带领组织去往一个正确的方向。方向错了，那就完了。就像前文列举的《水浒传》的例子一样，愿景错了，再辉煌也只是昙花一现。对于福特公司的领导者，别人说他是个疯子，但他看对了，未来就是他的。

再来看华为，华为的愿景是"丰富人们的沟通与生活"，后来愿景升级，改为"构建万物互联的智能世界"。这个愿景背后就有一个假设，假设未来的数据流量管道像太平洋一样粗。什么意思？华为从事的行业是数据连接，这个行业有巨大的发展前景，数据连接的管道要像太平洋一样粗，华为在这个行业将有无限可能。这就是预判。

微软公司的愿景是"计算机进入家庭，放在每张桌子上，使用微软的软件"。计算机刚刚兴起时，价格很贵，只有科技单位才用得起。这个愿景看起来有点荒唐，但微软公司看到了大势，看到了未来，所以能取得巨大的成功。

再看一下阿里巴巴的愿景，2003年的愿景是"电子商务将超过社会零售总额的一半"。马云曾经和王健林打赌，就赌这件事情，王健林一开始不相信，后来也不得不相信了。现在人们觉得电子商务的兴起和席卷全球好像是天经地义、自然而然的事情，但想想看，在电子商务刚出现苗头的时候做这样一个预判，其实非常困难。马云还敢打赌，那说明他确实有远见。

马云还有一句话："你是因为相信而看见，还是因为看见而相信？"不要简单地将这句话当成"鸡汤"。企业家是因为相信而看见，大部分人是因为看见才相信。但当大多数人都能看见的时候，产业机会已经错过了。所以任何一个组织、一家企业，或者是企业的一个部门，都需要对本领域的未来做一个预判，这就是愿景。

现在很多人都在用微信。微信的愿景是什么？是做最好的通信工具，拥有更多的通信功能吗？显然不是，微信的愿景是"连接一切"。

腾讯内部一位员工说，2012年张小龙提出"微信是一种生活方式"的时候，所有人都在笑，觉得他是"马云附体"了。

大家觉得这个想法有点荒唐，不就是一个App吗？把它的价值讲得这么夸张、这么玄乎。但现在想想，微信真的只是一个简单的通信工具吗？某种程度上，现在手机成了人体多出来的一个器官。《西游记》里有千里眼、顺风耳，手机已经帮人们实现了这些"超能力"。人们天天拿着手机，恨不得一分钟都不想放下，从这个角度来讲，微信不是简单的通信工具，它可以帮人们连接一切，一切人、一切事、一切信息、一切情感。这是微信的愿景。

可见，一个组织的成功离不开对未来的预判，这种预判还要在组织内部达成共识，这就是愿景。

5.1.3 如何理解企业使命

什么是企业使命？我们给它下个定义。

使命：达成愿景的方式和路径，企业当前的追求和定位。

曾鸣对企业使命有一些解读。

为什么要有使命感？本质上是解决组织存在的意义，Why us？

什么叫组织？组织是一群人走到一起，完成任何单个人不能完成的任务。

什么样的人为了什么样的目的走到一起，这是组织存在的终极目标。

如果仅以钱作为组织存在的目的，从战略学角度来说是没有差异化的，因为钱是过于同质化的东西，没有差异化就没有办法吸引到更好、更不一般的人才。

所以，使命感是一个组织非常重要的基石。

使命和愿景息息相关，人们常说"志同道合"，就是愿景吻合，志向一致。"道"就是人们对未来的判断，这个画面大家信不信？这是愿景。"志"是什么？既然我们相信共同的未来，那大家能不能同心同德，长期坚持走这条道路？

第5章 企业文化复盘：未来探索

使命是达成愿景的路径，使命感对组织的意义，是让组织有精神，有灵魂，让团队始终有蓬勃向上的激情和自发自觉的动力，这是组织在竞争中得以生存的重要因素。

与使命感有所区别的，是打工心态："我在这里打一份工，你给多少钱，我干多少活。"物质回报当然是很重要的，但更重要的是你认可这件事，喜欢这件事，很想做这件事。

任正非曾经说："什么叫使命感？有钱也干，没钱也干，我就是爱干这个活，这就是使命感。"这是个夸张的说法，就是说"我认可这条道路，即使短期内不给我钱，甚至让我投钱，我也愿意干"。组织需要这种人，组织的核心成员必须是这种人，只有这样，组织才能更强大，才能长盛不衰。

任正非还有句话："基层要有饥饿感，中层要有危机感，高层要有使命感。"如图5-5所示。基层员工为了赚钱而工作，他们要解决生存问题，因此基层要有饥饿感，不能懈怠；中层要为团队的生存和业务模块负责，不能自我设限，不能屁股决定脑袋，因此中层要有危机感，要自我驱动，持续改善；高层要有使命感，不给钱也愿意干活。从结果来看，这种不计较短期得失、全心投入的人，最后获取的回报往往最大。

图5-5 华为：对不同层级人员的要求

一个有生命力的组织，一定需要志同道合的团队。道合，是说团队有共同的愿景和梦想；志同，是说团队可以同心同力坚持做一件事，达成梦想。

5.1.4 对核心价值观的 3 条基本认知

虽然团队志同道合了，但并不意味着美好的行为和结果就会水到渠成。《水浒传》里的梁山好汉都志同道合，但也有很多个性、很多矛盾，所以在志同道合的基础上，还要有规矩，没有规矩不成方圆。而且，有的"志同道合"只停留在口头上，需要有具体的规矩才能真正落地。

规矩有很多形式，制度也是规矩，但制度不可能面面俱到，还需要文化层面的规矩，这就是价值观。可以从3个层面来理解价值观（见图5-6）。

价值观像空气　　管理社会靠道德和法律的平衡，　　价值观管理比制度管理成本低
　　　　　　　　管理企业靠价值观和制度的平衡　　（氛围是生产力）

图5-6　理解价值观的3个层面

什么是价值观？为了确保成功，人们必须遵循的核心原则，就是价值观。价值观在企业管理中有着特殊的意义。

第一，价值观像空气。在企业中，它无处不在。人们日常可能感受不到，但在任何一个组织中，都会有明规则、潜规则，大家都知道需要遵循这些规则。这就是价值观的体现。

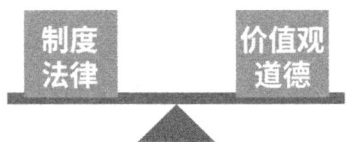

第二，管理社会靠道德和法律的平衡，管理企业靠价值观和制度的平衡。对社会的管理，法律和道德是相辅相成的。道德管得更宽，生活中大量的自我约束都是靠道德；法律的管理范围比道德小，它是管理底线，如果法律体系跌破了道德底线，不管失德还是无德，整个社会的道德体系都会倒退、崩溃。

在企业中也一样。任正非曾说："我倡导大家学雷锋，但不能让雷锋吃亏。"为什么？如果一家企业的制度、绩效体系让学雷锋的人吃亏了，慢慢

地,就没有人愿意做雷锋了。价值观是需要制度来支撑的,制度与价值观协同,规范员工行为,导向积极且充满正能量。

第三,价值观管理比制度管理成本低。企业不搞文化建设,全靠制度管理,行不行?恐怕不行。任正非说,氛围就是生产力,价值观管理比制度管理成本更低。他讲了一个故事。

我们都知道,上班时间不能看报纸,但一般公司不会有这样的明文规定。如果我们啥都要靠制度管理,会怎么做?那就发一个文件,说"上班时间不允许看报纸,违者罚款100元"。首先,这个制度的讨论、颁布、研究要花时间。制度颁布了,就要实施,既然有罚款,就要检查,一天查一次。某一天,真的抓到一个人,上班时间看报纸,好,扣他100元钱。

到了月底,这个人发现少了100元,他说:"为什么扣我100元钱?"

管理者说:"你上班时间看报纸。"

"你有证据吗?"

"有,还好我保存了监控。你看,你看报纸了。"

"不对啊,那是领导让我查一份资料,我是在工作。不信你问问领导。"

管理者找到领导,领导说:"我是给他布置了任务,但这个任务要不要查报纸,我也不清楚。"

你看,越来越麻烦了,这100元,到底该不该扣?

这就是高成本。制度是借助精细的条条框框来实施的,但是精细可以再精细,没有极限,带来的就是高成本。用制度管理企业,用法律管理社会,都是高成本的方式。在企业中,要想通过制度来管理一切事务,恐怕行不通,还是要靠制度和价值观两者共同发挥作用。用价值观做方方面面的、基本的自我约束,用制度来管理底线。以"上班时间看报纸"为例,通过价值观管理组织,应该这样解决。

公司来了一名新员工，以前他的工作氛围可能比较宽松，允许上班时间看报纸，现在他到了新环境，又在上班时间看报纸。旁边走过很多人，这名新员工就发现：怎么每个人都看我一下、皱起眉头？明白了，上班时间不能看报纸。于是他就把报纸收起来，不看了。

这种眼神的传递、皱眉头的表情，就是在传递价值观。企业中的大部分事情，只要形成共识，传承规则，就是很好的价值观管理。相比复杂烦琐的制度管理，价值观管理成本更低、更有效。任正非强调"氛围就是生产力"，企业文化对企业活力的影响超出常人的想象，它是影响企业寿命的基因。

5.2 未来探索工具的流程要点

上一节介绍了企业文化三要素：愿景、使命、价值观，下面学习企业文化复盘的工具。

企业文化很重要，但比较虚，有的企业曾经耗费几十万元甚至上百万元做企业文化咨询项目，费时费力，效果却不理想。企业文化到底要怎样做，才能形成风清气正的氛围，并且与实际工作相融合，达到良好的效果？

我们早年做过很多企业文化咨询项目。1999年左右，我们在广东移动的企业文化项目中提出"沟通从心开始"（见图5-7），在移动用户中产生了广泛影响，后来被集团采用，成为中国移动的服务理念。我们在欢乐谷推行"快乐文化"，提倡"每一位员工都是演员"，对欢乐谷的管理和品牌提升起到了很大的作用。

图5-7 中国移动：沟通从心开始

但后来，我们越来越少地作为咨询顾问，直接在企业文化的内容层面提供建议。为什么？因为我们在长期企业文化咨询与实践中认识到，做企业文化，文字漂不漂亮不重要，过程比结果更重要。在文化梳理、宣贯、落地的过程中，团队有没有在一起碰撞？有没有共识？有没有共鸣？这个过程比最终的精美文字和华丽包装更重要。要让团队阶段性地在一起碰撞、研讨企业文化，有没有合适的工具？推荐大家使用未来探索这一工具（见图5-8）。

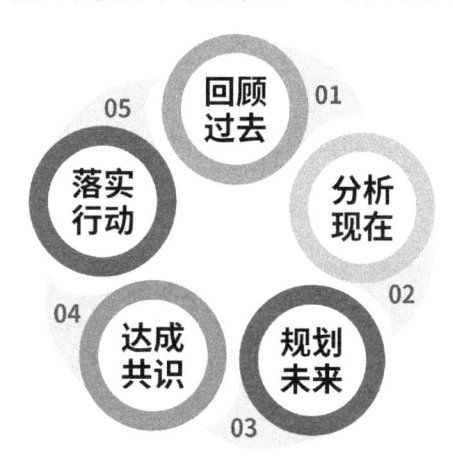

图5-8 未来探索：文化复盘的有效工具

未来探索有5个步骤：回顾过去、分析现在、规划未来、达成共识、落实行动。如果想方便记忆，可以将其简化成：过去、现在、未来、共识、行动。要做企业文化，就要用这5个步骤，把虚的内容串起来，清晰化、具体化。

5.2.1 回顾过去,锤炼价值观

未来探索的第一步是回顾过去。

每半年或每年,大家聚在一起,讨论当年哪些事情做得不错,哪些事情可以做得更好,做一次复盘。可以使用"时间廊"(见图5-9)进行复盘。

图5-9 用"时间廊"回顾过去

"时间廊"是一张长长的纸,中间有一条时间轴,每一段长度代表一个时间周期,如几个月甚至几年。每位参与者在便笺纸上写下自己深有感触的事件,贴到相应的时间点上。

所有的事件都和价值观相关,都是价值观在工作中、行动中的体现。有的行动和价值观相符,有的行动和价值观相悖;有的事件是巨大的成功或惨痛的教训,从中又衍生出新的价值观。"时间廊"就是对价值观的回顾,每个人都参与其中,通过具体的事件,看到价值观怎样影响组织过去的成败,又怎样成就了今天的自己。价值观不是空洞的概念,它是历史的轨迹、经验的精华。

5.2.2 分析现在,发现趋势

未来探索的第二步是分析现在。

回顾过去,锤炼价值观。分析现在,发现趋势,对未来做预判,寻找组织的愿景。

对未来的预判不是凭空做出的。春江水暖鸭先知，只有脚下的水已经变暖了，看到趋势了，才好做预判。马云在国外看到互联网发展得如火如荼，就对国内的互联网产业形成了很多预判；雷军长期关注移动互联网，看到了"人们对高性价比消费类电子产品的需求快速增长"这样一个趋势。其实成功的企业、成功的企业家，一定是看到了某个重要的趋势，然后抓住这个趋势，将其变现。

那么，什么是趋势？

中国互联网60秒内能产生多少数据？百度产生347万次搜索，淘宝产生14.8万名独立访客（见表5-1）。你可以掌握海量数据，但这不够，这不是趋势。

表5-1 中国互联网：60秒内能产生多少数据

数据来源	60秒内产生的数据	数据来源	60秒内产生的数据	数据来源	60秒内产生的数据
百度	347万次搜索	360杀毒	13.6次拦截	支付宝	7.3万笔交易
搜狐网访问	1.25万人次访问	苹果公司	8万元净收入	京东	486笔订单
12306	265万张订单	个人计算机销量	152台	当当	10笔订单
中国联通	1.4万元净收入	安卓手机销量	176部	淘宝	14.8万名访客
中国移动	24.6万元净收入	QQ空间	13.9万张图片	UC浏览器	460万次点击
中国电信	2.8万元净收入	QQ	8.5万元营收	新浪微博	9.5万条

注：数据来自搜狐IT，2013年。

散乱的数据只是信息，结构化的数据才是趋势。如图5-1所示，人们线上可购产品的品类不断丰富，这就展示了一种趋势：从2005年到2010年，线上产品新兴品类不断增多，网上零售平均渗透率（网上零售额占全社会零售额的比重）为10%，新兴品类如酒水、奢侈品、生鲜、汽车、OTC药品，其渗透率目前看起来较低，但依照经验，它们将快速增加，有巨大的发展空间。这就是趋势，企业、投资人可以从趋势中发现机会，提前布局，把握先机。

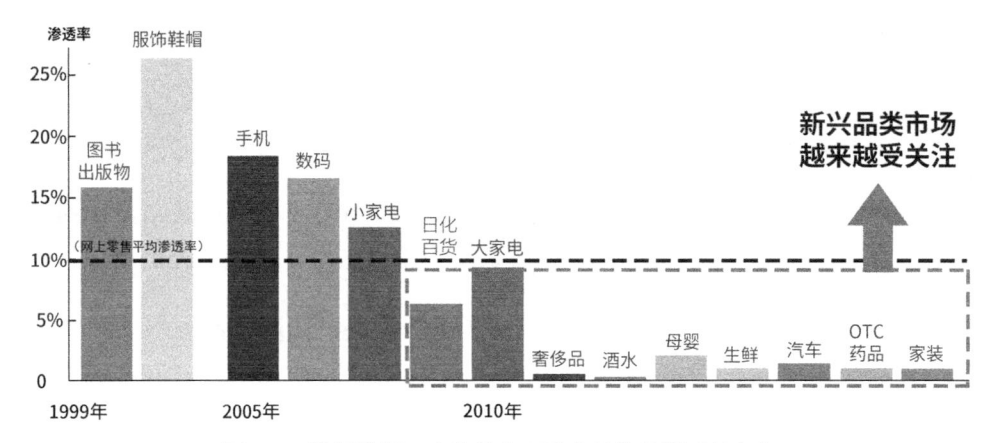

图5-10　数据分析：人们线上可购产品的品类不断丰富

在未来探索的这一步，怎样发现趋势？

可以用绘制思维导图的方式，请与会者贡献信息，所有人的信息凑成了一个拼图，使每个人对趋势的认知高度得到提升。

关于行业趋势的判断，无法苛求每个人都具有洞见，但信息拼图与研讨过程中形成的观点共识，足以使参与文化复盘的伙伴快速获益。

通过这种方式分析现在，发现趋势，与会者把企业愿景和企业的生死抉择、前途命运联系起来，了解到企业愿景不是挂在墙上的空洞口号，而是事关每个人现实福祉的大事。企业文化从虚向实不是靠说教，而是靠揭示文化和组织生存、个人生存之间的紧密联系。员工发现了事实，自然会改变认知。

5.2.3　规划未来，达成共识

未来探索的第三步是规划未来，即基于组织过去的优势及当前的行业发展趋势，明晰面向未来的组织愿景。第四步是达成共识，即基于组织愿景，明晰大家的使命，组建志同道合的团队（见表5-2）。

表 5-2　未来探索的第三、四步及愿景、使命的描述方式

第三步：规划未来	输出：愿景
（本步骤做什么） 基于组织过去的优势及当前的行业发展趋势，明晰面向未来的组织愿景	（愿景是什么） 我们相信的产业未来是什么样的 我们的企业将在这样的未来中占据什么样的地位
第四步：达成共识	输出：使命
（本步骤做什么） 基于组织愿景，明晰大家的使命，组建志同道合的团队	（使命是什么） 我们将长期专注于什么事业 能给这项事业的利益相关方（客户、员工、投资者、社会）带来什么价值

通过这两步，企业文化的愿景、使命明确下来，达成共识了。企业文化在对外宣传时，可以内容丰富、形式多样，但用于统一内部思想的宣贯和共识，其描述方式需要简洁、直白、一语中的。

王老吉曾经的成功，就来自对趋势的准确判断和持续的努力，换句话说，是"愿景正确，使命必达"。

王老吉的梦想是："中国人应该有自己的饮料，王老吉可以成为中国的可口可乐。"这个想法在没有实现时，就是天方夜谭。好在大的逻辑没有错，梦想还是要有的，然后是整个团队十几年如一日的努力，后来便有了风靡大江南北的广告"怕上火，喝王老吉"，王老吉销售额从2002年的1亿元增长到2012年的200亿元，连续多年实现了爆发式的增长。

大量企业的成功都来自"愿景正确，使命必达"，这也是未来探索工具在这两步需要研讨和达成共识的内容。

到了这一步，企业文化的三大要素——愿景、使命、价值观，已经完成了复盘，也有可能在原来的基础上有所优化迭代。下面以微信的企业文化为例，看一下完整的企业文化描述长什么样（见表5-3）。

表 5-3 微信的企业文化三要素

愿景：微信是一种生活方式	
使命：连接一切（连接人，连接企业，连接物体）	

价值观：

1. 做对用户有价值的事情。

2. 保持我们自身的价值观，因为它会体现在我们的产品和服务中。

如果我们想的策略和用户价值相悖，哪怕舍弃短期利益，也要维护用户价值。让用户而不是同事和上级看到你的努力。

3. 保持小团队，保持敏捷。

4. 学习和快速迭代比过去的经验更重要。

移动互联网行业变化太快，我们的产品和业务思路应该是面向新的环境而产生的。

5. 系统思维。

记住我们的愿景：连接人，连接企业，连接物体。让它们组成有机的自运转的系统，而不是构建分割的、局部的商业模式。系统思维也会帮助我们建造透明公正的商业体系，让系统在规则下运转，避免人为干预。

6. 让用户带来用户，用口碑赢得口碑。

7. 思辨胜于执行。

执行力很重要，但我们更希望大家的日常工作是一个思辨的过程。我们提倡争论，在工作中通过辩理来找到正确的解决方法，不能为了团队利益或人际关系而放弃思辨能力甚至思辨习惯。进步来自思辨。

微信的愿景：微信是一种生活方式。使命：连接一切（连接人，连接企业，连接物体）。这些连接都是趋势。

曾有人分析，人工智能时代，连接是大趋势，主要的连接方式有人与人的连接、人与物的连接、人与信息的连接。美国的3家代表性公司分别抓住了这3个主要趋势：脸书实现了人与人的连接，亚马逊实现了人与物的连接，谷歌实现了人与信息的连接。站在风口，这3家公司都发展成为全球成长最快、规模最大的公司。

中国的三大互联网公司也与此类似，百度连接人与信息，阿里连接人与商品，腾讯连接人与人，主要业务模式都是这些方向。美国的上述3家公司与中国的三大互联网公司都符合这3个趋势，这是巧合还是必然？这可能是时势造英雄。

微信的价值观如下。

- 做对用户有价值的事情。
- 保持我们自己的价值观，因为它会体现在我们的产品和服务中。
- 保持小团队，保持敏捷。
- 学习和快速迭代比过去的经验更重要。

……

看一下这几个价值观，有人说价值观是虚构的，是空话、套话，事实不是这样的。在组织的成功路径上，存在多种选择。大家要坚定自己的选择，不能骑墙，不能摇摆，不能失去原则。所有这些选择的累加，就是成功的关键。

例如，在上述价值观中，当用户价值、公司价值、合作方价值发生冲突的时候，首先要维护用户价值；我们的努力要呈现给谁？首先是呈现给用户，而不是同事和上级；公司向前发展，是要扩大规模还是保持灵活？要保持灵活；是强调思辨还是强调执行？作为创新型互联网公司，更强调思辨……以上种种，都是价值观，都是选择，这些选择在过去带领公司取得了成功，所以人们现在、将来，都会坚持这些价值观。

在使用未来探索工具时，当员工在故事中提炼出价值观，就会发自内心地相信和拥护这些价值观，而不是把它们当成空洞的说教。很多时候企业文化不能发挥足够的影响力，甚至扭曲变形，是因为文化的梳理、宣贯、落地方式出了问题，文化背后失去了真实、鲜活的故事案例作为支撑，仅剩下一层华丽的外衣，自然就没有生命力。

以上是通过未来探索工具，对企业文化理念层面的探索。有探索就有实践，我们研究企业文化复盘工具，给别人开药方，自己当然也要先尝尝。

前文做文化复盘的企业都是大型企业，我们是知识密集型咨询公司，集团下设3个业务方向的子公司。下面用未来探索工具复盘这3家子公司的过去，提炼出各自的独特文化（见表5-4）。

表5-4　用未来探索工具进行自我复盘，提炼企业文化

众行行动学习研究院
愿景：让行动学习成为中国企业的首选管理方式
使命：行动学习，让培训直接产生绩效
美国培训认证协会（AACTP）
愿景：人人都是培训师，教就是最好的学
使命：专注培训师系列认证
锵锵书院
愿景：人人都是培训师，教就是最好的学
使命：专注翻转课堂，让学习有趣、有料，更有效

众行行动学习研究院的愿景是：让行动学习成为中国企业的首选管理方式。行动学习有流程化的工具，也有系统化的高度，两者结合起来，我们相信行动学习能够成为中国企业首选的管理方式。

行动学习不仅是培训，更是一种管理模式，当年通用电气公司通过行动学习取得了巨大成功。阿里巴巴的首任CEO关明生在通用电气公司做了17年高管，吸收了很多行动学习的管理思想和精髓，并在阿里巴巴进行传承复制，成效卓著。我们相信这种富有智慧的管理方式能够帮助中国企业更好地发展。

众行行动学习研究院的使命是：行动学习，让培训直接产生绩效。这是从学习的角度推动组织绩效。

美国培训认证协会是我们从美国引进的一个培训师认证体系，该协会的愿景是：人人都是培训师，教就是最好的学。每个人都需要教别人，管理者的终极身份是教练。所以每个人都需要学习培训技能，教就是最好的学。

该协会的使命是：专注培训师系列认证。目前该协会已经在这一领域耕耘了近20年，未来还会一直坚持这项事业。

锵锵书院是一家继续教育机构，美国培训认证协会是一家认证机构，两

者都是为培训师服务的。两者拥有共同的愿景,那就是:人人都是培训师,教就是最好的学。

锵锵书院的使命是:专注翻转课堂,让学习有趣、有料,更有效。为了让培训师在获得认证、拿到能力背书之后,有一个平台可以持续学习,锵锵书院会提供培训师领域的专业知识、技术、线上线下课程,包括各种学习材料,让培训师在成就卓越的路上能持续补充能量,让培训课堂更加有趣、有料、有效。

这些业务板块的愿景和使命平凡而又伟大,它们描述了我们每项事业的初心和梦想,呈现了我们带给客户的价值,也时刻激励着我们不可懈怠,勇往直前。这些企业文化体系都是我们使用未来探索工具,在公司进行了一次又一次文化复盘之后逐渐形成的。

5.2.4 落实行动,知行合一

用未来探索工具做企业文化复盘,最后一步是落实行动。光说不练假把式,企业文化建设经历了研讨共识、刷新迭代,最终还是要落实到行为的转化上。

文化宣贯落地有很多方式,一种非常简明有效、事半功倍的方式是做读书会。员工共同研读一本与企业文化高度相关的经典书籍,研讨吸收,并结合自己的实际工作思考应用。在读书会的组织流程方面,翻转课堂是一种独特的、非常实用的技术。图5-11是锵锵书院独创的翻转课堂"PECA"皮卡模型。

该模型的要点包括以下几项。

- 结构化知识(Programmed Knowledge,P):解读一本与企业文化高度相关的经典书籍。
- 模拟体验(Experience,E):基于经典的书籍内容设计活动,使参与者有充分的体验、强烈的感受。

- 场景化连接（Connecting，C）：把结构化知识与工作案例联系起来，推动参与者思考应用。
- 创设行动（Action，A）：提倡知行合一，鼓励少而精的行动计划，让企业文化落实到工作和生活中。

结构化知识 Programmed Knowledge
金字塔结构法
321视频微课
大使式分享
图形化呈现
案例拆解法

模拟体验 Experience
GRIP游戏化体验
视觉道具
视听体验
啊哈测试
即兴戏剧

创设行动 Action
信感启动
方案共创
刻意练习
4R原子习惯法
成长型思维四步法

场景化连接 Connecting
开放画廊
迷你世界咖啡
三人小组教练法
镜像测评
风暴墙

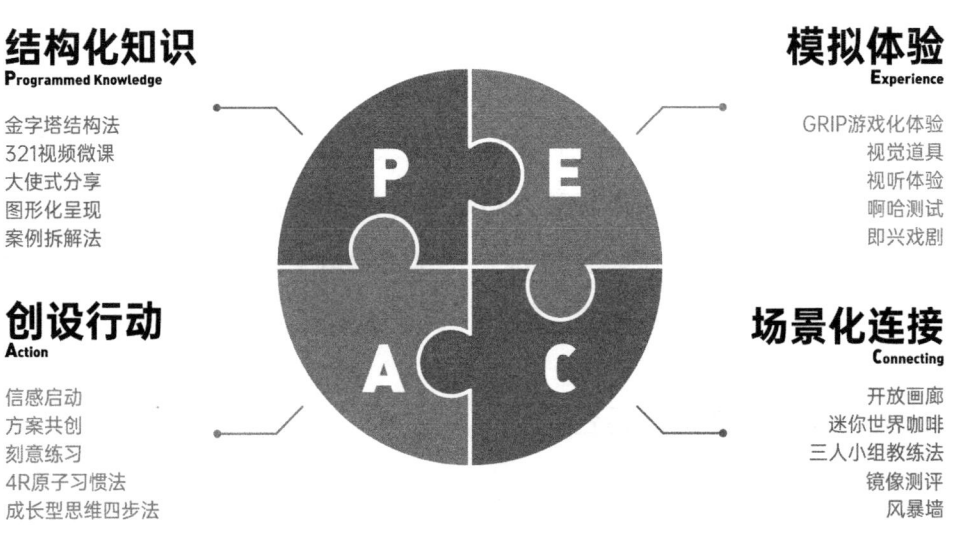

图5-11 锵锵书院独创的翻转课堂"PECA"皮卡模型

翻转课堂式读书会借助丰富的书籍资源，让企业员工不断获取新知，激荡思维，加深并拓宽对企业文化的思考，付诸实践，摆脱对企业文化宣贯"内容枯燥、老生常谈、徒有形式"的刻板印象，使企业文化真正发挥出灯塔、旗帜的引领作用。

微软公司就非常善于用读书会的形式做深、做实企业文化。微软公司的文化读书会如表5-5所示。

表5-5 微软公司的文化读书会

管理者	书目
比尔·盖茨	《高效能人士的七个习惯》
萨提亚·纳德拉	《非暴力沟通》
	《终身成长》

《高效能人士的七个习惯》一书中有很多内容和价值观是相通的。在比尔·盖茨担任CEO时期，微软公司经常通过阅读分享这本书，塑造独特的价值观。比尔·盖茨甚至和记者开玩笑，说"斯蒂芬·柯维是我们的人力资源总监"。斯蒂芬·柯维就是这本书的作者，也是同名版权课程的开发者，可见这本书对微软文化的影响之大。

微软第二任CEO史蒂夫·鲍尔默业绩做得不错，但对微软文化有所破坏。第三任CEO是萨提亚·纳德拉，一位印度裔高管，他接任之后的一个重要使命是对组织文化做修正和重塑。一些人可能认为纳德拉是一个打酱油式的过渡人物，但他在文化塑造方面做得非常成功，把微软从快速下滑的危险境地拉回行业第一梯队，还曾经让微软短暂超越苹果，成为全球市值第一的公司。

纳德拉强调的两本书，一本是《非暴力沟通》，提出微软员工需要重塑沟通模式，倡导以结果为导向的沟通，避免沟通过程中无意义的冲突；另一本是《终身成长》，提倡重塑思维模式，指出创新和挑战是个人与组织持续的内生需求，而不是短期的绩效要求。通过这些学习交流，人们看到，文化宣贯并不意味着说教，在文化的正面词汇背后，还有更多美好的故事、思想、工具，它们让企业文化充满了魅力。

以上讲了未来探索的5个步骤，下面和大家分享我们在企业中做文化复盘的一些经历及心得。

"半年复一次，一次管半年"。企业文化复盘是长效的基础建设，可能半年、一年做一次，但效果很持久，能显著提升整个团队的精神面貌和战斗力。

图5-12是我们在阿里巴巴做的几次企业文化复盘。

图中①是在未来探索工作坊前，学员们抬着老师入场，这是我作为老师第一次用这种方式进教室，感到非常荣幸，激情满满，很有仪式感。②和③是对阿里巴巴法务团队做的年度文化复盘，②是一个法务小组对"完成年度目标，到达成功彼岸后的愿景"做描绘：到南极旅行，并且"喊话T哥，每人加薪50%"。T哥是法务团队的外籍主管，阿里巴巴业务遍及全球，法务团队中有很多外籍同事。

图5-12　阿里巴巴的企业文化复盘

阿里巴巴这种"中西结合"的团队，在企业文化建设方面面临巨大的挑战。不同语言、不同肤色、不同文化背景和历史背景的人组合到一起，企业文化很难做到自上而下单方面地灌输、强压。通过未来探索工具的五个步骤，大家坐在一起回顾团队走过的重大里程碑和成长的一点一滴，再分析现状和展望未来，愿景、使命、价值观都是自下而上汇集起来的，其中有对集团公司精神的贯彻继承，也有每个人的充分参与和贡献。这样研讨得到的结论，绝大部分人都会发自内心地认同和拥护。

团队伙伴经过一年的摸爬滚打，在年终研讨"我们是谁，我们从哪来，要往哪里去"。大家平时更多的是埋头拉车，现在抬头看路，对自己的辛劳汗水和团队成果有了全新的理解，也给来年的奋斗目标赋予了全新的意义。这种意义感、凝聚力，对一个团队的健康运作和一个组织的基业长青，都是不可或缺的。

正如我们提倡的，好工具自己一定要用，给客户开的药方，自己要先尝。众行公司也会使用未来探索工具，定期做企业文化复盘。

就拿众行集团下属的一个公司来举例。几年前我们打算开辟一个新的业务领域，兵马未动，粮草先行，要先把这支队伍的精气神提炼出来。我们用未来探索工具组织了文化复盘。

回顾过去：过去，我们十年如一日地给别人上课，很多经典课程的理念也成了我们自己的价值观。《高效能人士的七个习惯》是老师们很喜欢的一本书，职场人士获得成功，老师快速成长，每个人在生活中的自我修炼，都和这7个习惯紧密相关。于是，我们把这7个习惯做了一些调整，将其变成即将成立的新公司——锵锵书院的价值观。

分析现在：传统的培训面临挑战，你懂这么多知识，看了这么多书，为什么还是过不好这一生？这背后就是一个巨大的趋势：纯粹的知识传播面临挑战，培训师的竞争对手不是别的培训师，而是百度、谷歌等互联网企业。互联网上的知识浩如烟海，一辈子都学不完，现代培训师的独特价值是影响他人，让他人学以致用。

有哪些产品可以帮助学员学以致用呢？我们看到，欧美国家兴起了"翻转技术"，学员在台上，老师在台下，老师大部分时候扮演教练角色，带动整个学习流程。这种学习方式被迅速传播，将来一定会成为主流。这是我们看到的行业趋势和产品趋势。

规划未来：我们相信在这个全新的时代，每个人都可以站到台上，和别人分享知识，同时自己也可以学到更多。于是，新公司的愿景就明确了：人人都是培训师，教就是最好的学。

达成共识：因为我们对翻转课堂的知识积累已经足够丰富，这个讨论环节非常顺利，大家对新公司的使命达成共识：专注翻转课堂，让学习有趣、有料，更有效。

落实行动：基于以上判断，我们拆分了一支资深团队，组建了一个新的业务单元，成立了锵锵书院，立志长期投入、匠心运营。

这样，一家新的公司、一套新的文化理念就诞生了（见图5-13）。从成立至今，锵锵书院卓有成效，在翻转课堂领域打开了全新的局面。

图5-13 锵锵书院的文化理念

从这些实践中可以看到，一项新业务的诞生，一段新征程的开启，一个新团队的打造，企业文化复盘工具都发挥了重要作用，它在一个合适的契机，帮助人们厘清思路，让人们共识、共鸣、共振，为团队打造精神内核，而后人们才有可能在商业上取得成绩。

我们也期待读者借鉴未来探索这个文化复盘工具，把虚的文化理念和实的业务工作相结合，把抽象的理念和鲜活的故事相结合，成为复盘教练，把组织绩效、人才队伍建设提升到新的高度。

5.3 复盘演示：用未来探索工具零成本复制华为企业文化

这是一次模拟复盘，目的是帮助大家了解在做企业文化复盘时，未来探索工具的使用方法与效果。

我们分享的案例是"零成本复制华为企业文化"。实际上我们对自己公司、部门、团队做文化复盘时，操作的步骤、取得的效果、复盘教练筛选信息的角度、引导的思路、关注点是基本一致的，都是一套打法。

所以，当我们揭开华为文化的神秘面纱，了解到华为文化成长历程中的波澜壮阔和深厚积淀时，也可以看到，这样精彩的文化，对它的脉络抓取、对从理念宣贯到行动落地的引导，其实有一套非常简单的流程，大家完全可以凭借未来探索这个工具，撬动巨大的组织力量，在人们的思想层面掀起巨浪狂潮。

还有读者问，企业文化复盘，是否只能对文化做回顾，而不能对文化做创新和迭代？当然不是，在这个模拟演练中，每个环节都是开放的，大家可以提出不同的故事、不同的观点、不同的行动。将这些内容汇集、提炼出来，就是文化创新迭代的新鲜血液。只是为了方便理解，我们没有在模拟演练中做更多延伸。

5.3.1 回顾过去，认识奋斗者文化

我很幸运，很早就接触了华为，20多年前与中国人民大学吴春波教授合作过，他当时在华为做咨询项目，参与撰写了《华为基本法》，常驻地点就

在任正非办公室对面。吴老师严谨扎实，在华为做了20多年顾问，深入研究与辅导中国的领军企业，非常难得。他当时与黄卫伟老师合著了一本书——《走出混沌》，书中讲了华为在研发领域的探索与感悟。与我们交流时，他也分享了很多在华为的见闻与顾问心得。

之后我对华为一直有兴趣，不断学习研究，与不同的老师交流，后来有幸到华为授课，与华为近距离接触（见图5-14）。这些经历给我的企业经营带来了很多帮助。

图5-14 我在华为授课考察

用未来探索这个工具复盘华为的企业文化有两个目的：一是分享我对华为企业文化的一些认知，二是演示未来探索工具在实际应用中的操作要点。当然，案例有其个性，其中的细节不见得适用于所有场景。

第一步，回顾过去。宣贯文化，浸染文化，忌讳做"空军"，空洞地讲理念，应该从感性入手，讲故事，看经历。

看看华为的这些老照片（见图5-15），当年创业时的老旧办公室、任正非的旧名片，以及华为制定的第一版核心价值观。是不是可以从中总结出一些东西？看到这些价值观，每位"华为人"的脑海中都会浮现出很多画面。

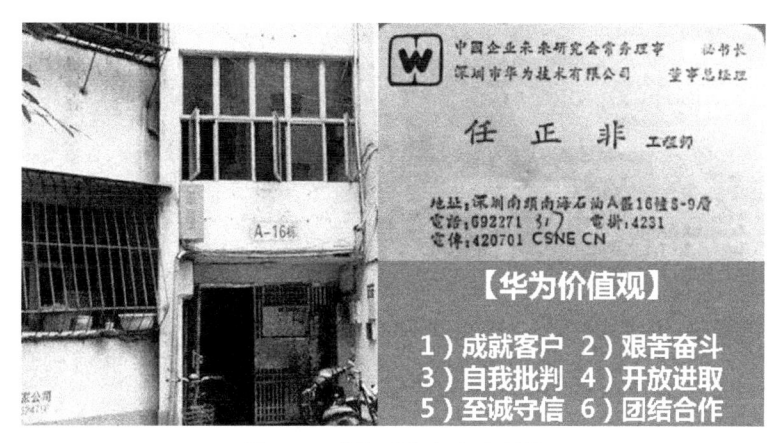

图5-15 价值观来自奋斗历程

传播理念最好的方式就是讲故事。例如,《圣经》需要传播系统的理念,但是很多人不识字,怎么让他们听懂、理解、接受呢?就靠讲故事,《圣经》从头到尾,故事占据最多的篇幅。"谦卑"这个理念很难理解?没关系,给你讲个故事——耶稣给他的信徒洗脚。你是不是一下子就知道了一个谦卑的人应该怎样做?

企业文化的传播也是一样的。下面来看看这些小故事。

当年吴春波老师和我分享,说"任正非借题发挥讲企业文化"。车队的门口有一副对联,很平常。上联是"开开心心出门去",下联是"平平安安回家来",横批是"以人为本"(见图5-16)。任正非却"借题发挥",说这副对联错了:对普通人家来说,这当然是很好的吉祥话,没问题,但放在公司,作为一种理念、口号,它传递的思想和"艰苦奋斗"是两码事。"以人为本"更不对,不能"你好、我好、大家好",很多以人为本的企业最终做得不怎么样。真正的文化,应该是"以事为本",或者叫"以奋斗者为本",这才是组织长盛不衰的关键。

图5-16 车队对联的故事

这个故事当然有点夸张，也带有鲜明的个人风格，传递的思想是：革命不是请客吃饭，要想领先世界，就要做好长期艰苦奋斗的思想准备。

再看一些例子（见图5-17）。"坚持自我批判"是核心价值观中很重要的一条，仅从字面来看太虚了。任正非在工作中是怎么说、怎么做的？他曾在一次会议上对财务总监说："你最近进步很大，从很差进步到了比较差。"这是"啪"地拍了一砖，下属慌不慌？老板怎么这么说话？任正非还曾经对常务副总郑宝用说："你一个人能顶一万个。"对另外一个副总说："一万个你才能顶一个。"很多人受不了这种讲话风格，非常直接、尖锐，还好华为一直有浓厚、直率的自我批判文化，大家早就习惯了。

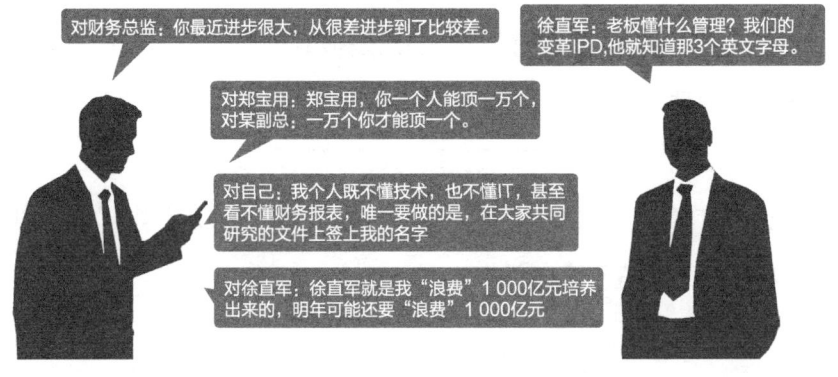

图5-17 华为核心价值观：坚持自我批判

华为的管理者也是这样。轮值CEO徐直军接待中国银行董事长时，在沟通中笑谈："我们老板懂什么管理？我们的变革IPD，他就知道那3个英文字母。"虽然是开玩笑，但直来直去，敢于怼老板。任正非自己也说："我个人既不懂技术，也不懂IT，甚至看不懂财务报表，唯一要做的是，在大家共同研究的文件上签上我的名字。我就是个'傀儡'"。他也怼过徐直军："徐直军就是我浪费了1 000亿元培养出来的，明年可能还要浪费1 000亿元。"这个1 000亿元是什么？徐直军分管研发，每年都会有巨额的研发费用，当然探索中的失败是常有的事。

通过这些对话，大家能够感受到鲜活的"坚持自我批判"的企业文化。所以大家在使用未来探索工具，回顾过去、重现企业文化故事的时候，鲜活的语言很重要。用最精准的字句把故事的精髓提炼出来，这可能就是团队的精神特质和文化理念。

任正非是一位语言大师，有一次他在企业内部和大家交流时自问自答："华为的文化用两个字怎么表达？奋斗。用四个字怎么表达？艰苦奋斗。用六个字呢？长期艰苦奋斗。"你是不是一下子就记住了？语言大师的厉害之处，正是把简单的内容换一种表达方式，让人一辈子都记得住。

以上是未来探索的第一步：回顾过去。我们带领大家领略了华为文化的精彩，也体验到了企业文化复盘的一些操作要点。

- 以故事为载体。成功的故事、失败的教训、里程碑事件，都是回顾过去的重要内容。文化不是无根之木，企业文化来源于工作，又高于工作，并指导未来的工作方向，所以复盘文化、学习文化要和具体故事、案例相结合。

- 从价值观入手。价值观是是非对错的判断标准，和日常工作密切相关，容易破冰，容易带动员工进入研讨。价值观是感性的，组织发展筚路蓝缕，坎坷艰辛，强烈的情感驱动着参与企业文化复盘的伙伴们全心投入，为整个研讨奠定正能量的基调。价值观来自对历史的总结，只有继往才能开来，这也符合人的思维习惯。基于种种考量，企业文化复盘一般从价值观研讨开始。

- **鲜活语言呈现**。生动的故事、成功的规律、鲜活的语言……价值观的呈现需要精心策划和打磨。企业文化复盘的目的是实现更广泛的传播、落地并驱动行为，在呈现上要做到以员工需求为中心，让大家爱听、爱看、爱讨论。

5.3.2 分析现在，判断通信行业前景

第二步是分析现在，发现趋势。愿景、使命是鲜活的，是基于人们看到了一个风口、一个长期的商业机会，于是大家志同道合，扎扎实实地一起努力。只有先看到这个"道"（愿景），发现这个"道"是有机会的，人们才有可能"志"（使命）相同。在华为，任正非发现了什么"道"？

做通信纯属误打误撞，一进来发现上了"贼船"，想下又下不去。如果知道做通信这么困难，还不如去养猪。猪听话又好养，技术要求不高，不像通信技术迭代速度这么快，跟都跟不上，不往前跑就得破产。想退，没有退路，能怎么办？拼命干呗。

在企业内部发言时，任正非说做通信是"上了贼船"，其中有偶然性，当然也是因为他看到当年通信行业很赚钱，而且如果在通信领域有所突破，就能在外资垄断的局面下杀出一条血路，这是一个绝佳的机会。

怎么让员工感受到这样的机会？任正非的语言智慧又发挥作用了，在困难的时候他跟大家讲："将来你们都要买大房子，阳台一定要大，因为华为将来会给大家分很多钱，钱多了装麻袋里，塞到床底下，床底下阴暗潮湿，钱容易发霉，必须时不时地把麻袋搬到太阳底下晒一晒，还要准备一个大铁耙子把钱耙一耙。"这就是一种鲜活的语言表达。

在讲到公司的前景时，任正非使用了更直白和夸张的语言："假设未来

数据流量管道像太平洋一样粗。"人们使用任何信息都要借助流量管道。原来人们在数据流量方面的需求是能够打个电话就可以了，后来大家还想看视频，还要上传大量图片，现在还要自动驾驶……这些需求都会在短时间内产生巨大的流量。人们甚至想创造一个"元宇宙"，一个与现实宇宙平行的虚拟空间，这意味着需要无法想象的数据流量。人的需求越来越多，技术的进步不断放大人的欲望和需求，技术与人性需求相互推动，一路狂奔，这就是科技发展的本源动力。所以任正非说，未来的流量管道会像太平洋一样粗，会超乎人们的想象。

在这个模拟复盘案例中，为了探寻华为对未来趋势的判断，我收集、分析了一些资料。如果我打算在自己的公司做文化复盘，可以做得更深入：不仅可以自己收集信息，所有参与讨论的伙伴也可以各自收集信息；不仅可以验证公司对未来趋势的一些定论，还可以通过互相研讨碰撞，对行业趋势形成更新、更具体的判断；不仅可以回顾和重现企业文化，还可以延伸和创新企业文化……在进行文化复盘实操时，基于不同的场景，需要灵活变化。

5.3.3 规划未来，构建智能世界

判断趋势之后，需要探讨愿景和使命。

很多企业把愿景和使命搞得很复杂，让我们来通俗地讲一下什么是愿景和使命。"男怕入错行，女怕嫁错郎"，如果你是一个企业的领导，一个部门的带头人，员工跟着你有没有奔头？这个奔头是什么？把它清晰地表达出来。如果这个行业有奔头，你的企业会获得什么样的行业地位？用最直白的语言写下来。把这几个问题描述清楚，就是愿景。企业在对外宣传企业文化的时候，会有不同的包装形式，但是对内宣贯要回到本源，越简单直白越好。

愿景：我们相信的产业未来是什么样的？我们的企业将在这样的未来中

占有什么样的地位？

如果你看到了一个风口、一个机会，大家愿不愿意长期投入？还是说"打个酱油"，搞机会主义，捞点快钱走人？值得大家长期一起做的才叫使命。如果你长期做这件事情，能给利益相关方（客户、员工、投资者、社会）带来什么价值？把这几个问题回答清楚，就是使命。

使命：我们将长期专注于什么事业？能给这项事业的利益相关方（客户、员工、投资者、社会）带来什么价值？

以上就是愿景、使命的基本要素。下面来复盘华为的愿景、使命（见图5-18）。

华为的愿景与使命

愿景
超越四通（1992年）
10年之后，世界通信行业三分天下，华为将占一分（1994年）
丰富人们的生活和沟通（2005年）

使命
实现客户的梦想，聚焦客户关注的挑战和压力，提供有竞争力的通信解决方案和服务，持续为客户创造最大价值（2005年）
把数字世界带入每个人、每个家庭、每个组织，构建万物互联的智能世界（2018年）

图5-18　华为的愿景与使命

1992年，华为的愿景很朴素：超越当时的高科技公司四通。1994年，华为的愿景是"世界通信行业三分天下，华为将占一分"。看起来好像是吹牛，但现在大家可以看到，这个愿景真的实现了，而且不是三分天下，而是成了行业老大。2005年，华为的愿景是"丰富人们的生活和沟通"，希望其所从事的事业能够深入地影响社会公众。

关于使命，2005年，华为的使命是"实现客户的梦想，聚焦客户关注的挑战和压力，提供有竞争力的通信解决方案和服务，持续为客户创造最大价值"。

企业文化的内容是不断改版的，我当时和华为的员工交流，得知2005年的使命来自客户的倒逼。2005年英国电信成为华为客户，这是海外战略市场的重大突破。英国电信对供应商规范化提出了一系列要求,其中包括对企业文化做清晰的描述,所以华为当时对企业使命重新做了梳理。

华为2018年的使命是"把数字世界带入每个人、每个家庭、每个组织,构建万物互联的智能世界",这是基于通信核心技术从4G走向5G,公司对通信市场及人类社会生活方式的判断发生了重大变化,所以对使命做了整体调整。

企业文化的文字由于高度凝练,看起来都是枯燥的,但背后是鲜活的思想和对未来走向的判断。

5.3.4　落实行动,打造铁军

怎么将企业文化落实为行动?很多人觉得文化落地有难度,可以关注以下3个要点。

要点1:文化理念需要发自内心

使用未来探索工具带动大量员工参与企业文化的研讨,大家有共鸣、共识、共振,这就保障了企业文化是从团队内心生长出来的,就有了很好的传播基础。反之,如果企业文化是外部专家"生造"的,由上而下强压的,就很难有生命力。

要点2:文化落地有多种选择

向大家分享两个简单有效的思路。

思路1:文化行动化。未来探索的第五步是落实行动。大家基于研讨共识制定行动原则、行动标准,把企业文化融入日常工作和生活。例如,华为经过全体动员、征集、研讨,经过几个月的充分发酵,在2017年颁布了全员行为准则"21条军规"(见图5-19)。

"21条军规"的内容朗朗上口,比喻形象,易于理解,它不是某个部门或专家制定的,而是全员讨论和共识的结果,不仅是对华为文化的提炼,还体现了当下员工的关切和组织行为中的重难点问题。

华为的"21条军规"

- 商业模式永远在变，唯一不变的是以真心换真金。
- 如果你的声音没人重视，那是因为你离客户不够近。
- 只要作战需要，造炮弹的也可以成为一个好炮手。
- 永远不要低估比你努力的人，因为你很快就需要追赶他（她）了。
- 胶片文化让你浮在半空，深入现场才是脚踏实地。
- 那个反对你的声音可能说出了成败的关键。
- 如果你觉得主管错了，请告诉他（她）。
- 讨好领导的最好方式，就是把工作做好。
- 逢迎上级1小时，不如服务客户1分钟。
- 如果你想跟人站队，请站在客户那队。
- 忙着站队的结果只能是掉队。
- 不要因为小圈子，而失去了大家庭。
- 简单粗暴就像一堵无形的墙把你和他人隔开，你永远看不到墙那边的真实情况。
- 大喊大叫的人只适合当啦啦队，真正有本事的人都在场上呢。
- 最简单的是讲真话，最难的也是。
- 你越试图掩盖问题，就越暴露你是问题。
- 造假比诚实更辛苦，你永远需要用新的造假来掩盖上一个造假。
- 公司机密跟你的灵魂永远是打包出卖的。
- 从事第二职业的，请加倍努力，因为它将很快成为你唯一的职业。
- 在大数据时代，任何以权谋私、贪污腐败都会留下痕迹。
- 所有想要一夜暴富的人，最终都一贫如洗。

图5-19 华为的"21条军规"

"21条军规"是覆盖全员的，类似的还有针对管理者的"干部八条"，在一些重要的管理工作会议上，管理者会做"干部八条"的宣誓仪式，通过仪式强化信念。

基于企业文化研讨形成的行为标准，类似于社会上的道德约束，它不会面面俱到，但能击中要害，深入人心，润物无声，对组织氛围有巨大的影响。

思路2：文化具象化。把文化和具体时间、形象表达、人物、事物相关联，把简练的文化理念变成触手可及的故事，甚至设计为课程，文化就更容易传播落地。在这里，我们提供一个将文化具象化的实用工具：企业文化T型画布（见表5-6）。

表5-6 企业文化T型画布

典型事件	文字描述	文化要素	形象表达	标志性人物/事物
员工持股	至诚守信 团结合作	价值观	毛尖草式的倒生长模式 雷锋是"装"出来的/不让雷锋吃亏 胜则举杯相庆，败则拼死相救	巴西毛尖草

第5章 企业文化复盘：未来探索

续表

典型事件	文字描述	文化要素	形象表达	标志性人物/事物
"华为的冬天" "下一个倒下的会不会是华为"	自我批判 开放进取	价值观	我认为人的一生中从来都是红蓝对决的，我的一生中反对我自己的意愿，大过我自己想做的事情——就是我自己对自己的批判远远比我自己的决定还大 薇甘菊——野蛮生长	蓝军 vs 红军 薇甘菊
开拓非洲业务	成就客户 艰苦奋斗		特立独行的龟 基层要有饥饿感，中层要有危机感，高层要有使命感	泥潭越野车 布鞋院士
《华为基本法》	实现客户的梦想，聚焦客户关注的挑战和压力，提供有竞争力的通信解决方案和服务，持续为客户创造最大价值（2005年） 把数字世界带入每个人、每个家庭、每个组织，构建万物互联的智能世界（2018年）	使命	华为28年坚定不移，只对准通信领域这个"城墙口"冲锋。华为只有几十人的时候就对着一个"城墙口"进攻，几百人、几万人的时候也是对着这个"城墙口"进攻，现在十几万人了，还是对着这个"城墙口"进攻。集中炮火，饱和攻击。每年用1 000多亿元的"弹药量"炮轰这个"城墙口"，研发费用近600亿元，市场服务500亿~600亿元，最终在大数据传送领域领先世界。引领世界后，我们倡导建立世界大秩序，建一个开放、共赢的架构，有利于世界上成千上万家企业一同建设信息社会	中国人民大学顾问
美国"封杀"事件	超越四通（1992年） 10年之后，世界通信行业三分天下，华为将占一分（1994年） 丰富人们的生活和沟通（2005年）	愿景	我们假设数据流量的管道会变粗，变得像太平洋一样粗（2012年） 预判未来二三十年后，人类社会将演变成智能社会，深度和广度目前还想象不到（2016年）	任正非

我们使用T型画布，将华为文化具象化。表5-6的中间一列是价值观、使

命、愿景，左边有典型事件、文字表述，右边是形象表达、标志性人物/事物，这是从抽象到具体的演绎过程。通过这样一个过程，我们发现，企业文化一下丰满起来了，有太多内容可以去阐释、渲染、剖析，去影响每个个体成为同心同德的"华为人"。

T型画布的填充过程是通过团队研讨来完成的，内容的丰富和精彩程度会进一步提升，我们也能更方便地把这些结构化的内容组织成培训课程，在企业中轮训。每位管理者都是培训师，是企业文化的"牧师"，用这些素材在企业内部传播精神的力量。

文化传播方面有很多经典范例。例如，海尔一直强调"质量第一"，这是重要的文化理念，也是海尔全员上下亟待提升的短板。这个理念怎么传播？海尔当年有个故事叫"砸冰箱"，一声令下，砸掉76台质量不合格的冰箱，相当于当时一名工人150年的工资。这个故事让海尔"质量第一"的形象深入人心。

企业需要这样的文化故事。华为非常善于总结、创造、传播文化。到华为参观，你会发现在办公室、食堂、会议室、企业大学，很多地方都贴有寓意深刻的文化图片和标语，时时刻刻传递着华为的文化理念。

图5-20中的这张图片是华为艰苦奋斗文化的一种具现。项目组深入非洲艰苦地区开展业务，丛林莽荒，环境恶劣，没有像样的公路。暴雨之后，车辆陷在泥泞中动弹不得，中方与当地人一起去推车。通信基站路途遥远，需要定期维护，而这就是往返交通的常态。

任正非在高龄之年，也曾经到艰苦、战乱地区考察工作，面对下属的劝阻，他说："我若贪生怕死，何来让你们艰苦奋斗？谁再劝我，就地免职！"最终得以成行。每念及此事，华为人心中总是激情澎湃，久久不能平静。

第5章 企业文化复盘：未来探索

图5-20 华为文化故事：在非洲开展业务，车辆陷入泥沼

图5-21和图5-22是华为的两个小故事。

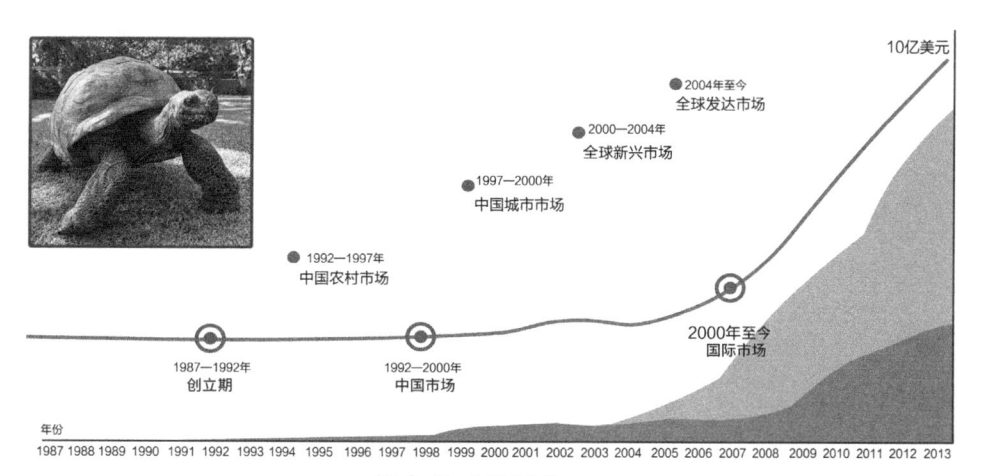

华为的"龟迹"

注：这是华为企业文化课中的一张图，任正非曾发文《用乌龟精神，追上龙飞船》，说乌龟虽然爬得慢，但目标坚定，行动扎实，不像兔子浮滑跳脱，所以最终能够获胜。

图5-21 华为的"龟迹"

李小文，中国科学院院士，北京师范大学遥感与地理信息系统研究中心主任，地理学与遥感科学学院教授、博士生导师

华为坚持什么精神？
就是真心向李小文学习

注：李小文院士不恋名利，行为低调，因为喜欢光着脚穿布鞋，被人们亲切地称为"布鞋院士"。他为国家和人民做出了巨大贡献。当时互联网产业风头正劲，有浮躁之气，华为崇尚这样的"现代扫地僧"，提倡艰苦奋斗、平心静气、扎实做事、专业报国的精神。

图5-22 致敬布鞋院士李小文

通过以上内容可以看到，用在未来探索工具使用过程中形成的故事进行文化宣贯，拥有鼓舞人心的力量。

要点3：文化理念需要不断重复

例如，对于《圣经》的传播，每个教堂每个礼拜讲的道理都差不多，但每次讲都有不同的角度、不同的故事。不同的牧师做不同的解读，周周讲、年年讲，大家就会加深信仰，甚至形成肌肉记忆，碰到类似的事情，就会有自然而然的行为反应。

下面这个有趣的小故事，形象地阐述了重复的力量。

一个快递员在门口敲门："有人在家吗？"

家里只有一只鹦鹉，说："哪个？"

快递员："送快递的！"

鹦鹉："哪个？"

快递员："送快递的！"

鹦鹉："哪个？"

……

如此往复数十次，快递员体力不支，口吐白沫地倒在地上，说："你是哪个吗？"

鹦鹉："送快递的！"

一句话重复几十遍，鹦鹉都学会了。这是告诉人们该怎样去影响人、改变人，尤其是在理念层面，用鲜活的故事、生动的语言不断重复，重复自己相信的东西，最终对方也会接受、相信。所以任正非说"氛围就是生产力"，这也是重复的力量。

我们用未来探索工具做企业文化复盘，对华为30多年的发展历程进行抽丝剥茧，把文化脉络提炼出来。华为当年邀请中国人民大学教授做企业文化项目，撰写《华为基本法》，工作量巨大，输出的文件装了几个铁皮柜，直接人力成本不低于百万元，这是一个非常严谨和浩大的工程。

很多企业迫切需要开展文化项目，以在精神层面建设队伍，但不希望有大动作、大投入，想要步子小、动作轻，那么使用未来探索这个工具，可以很好地达成预期。从这个角度看，掌握复盘技术，懂得企业文化建设，对企业的价值贡献是直观的、可衡量的。

第 6 章

团队协作复盘：4F团队协作复盘画布

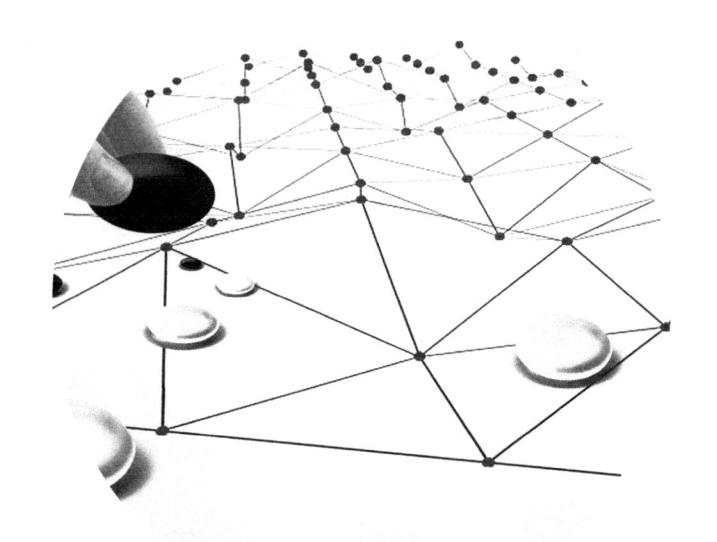

在本章，我们重点探讨如何通过复盘解决团队协作和跨部门沟通问题。

如何改善关系、形成合力？这是很多人、很多组织都关注的焦点问题。这个问题对于提升效率有巨大影响，可以通过复盘工具来解决。

先讲结论：下三层的问题，根源通常在上三层。什么意思？能力、行为、环境层面的问题，根源通常在愿景、使命、价值观层面。表层的问题，根源通常在信念层面。本章主要从以下3个方面来分享。

- 戴明：组织中的问题绝大部分是系统问题。
- 思路：下三层的问题，根源在上三层。
- 工具模拟演示：4F团队协作复盘画布。

6.1 化解团队协作的难题，需要上升到系统思维

6.1.1 戴明：组织中94%的问题都是系统问题

关于戴明，在生活中可能很多人不知道，但在管理界，他是一个传奇人物。

第二次世界大战后，美国为了扩大势力和向朝鲜战争输送资源，需要扶持日本工业，但没想到这一扶持，竟让日本在20世纪80年代迅速崛起，各种工业品，如丰田、本田汽车，把美国的相关产业打得落花流水。信心膨胀的日本人在美国开启了"买买买"模式，买了美国最高大楼洛克菲勒中心大厦，买了哥伦比亚电影公司、美国环球影业公司，买各种热门地段的房地产……

日本国民资产快速膨胀，按当时的地价折算，国土面积约30万平方千米的日本，仅东京的地价总额，就超过国土面积900多万平方千米的美国。当时有日本人口出狂言："卖了东京，买下美国，然后租给美国人。"

日本经济的强势崛起和对资源的吞噬，在美国社会上造成了恐慌。

当时美国广播公司记者去丰田公司采访，想了解这些竞争对手的内部管理。他在丰田总部大厅看到了一个奇怪的现象：大厅里挂着3张大幅照片，比真人还要大，其中一张是丰田公司创始人，一张是丰田时任总裁，这都是正常的，但第三张就很奇怪了，是一个西方人，非常显眼。这个人是谁？是美国人戴明。他在美国籍籍无名，为什么在日本却被如此尊重和推崇？

还有美国记者去采访日本几个大公司的总裁，都被推掉了，说他们正赶着参加一个非常重要的颁奖礼，这个奖项代表了最高荣誉。什么颁奖礼这么有号召力呢？美国记者也跟着去看，发现这个奖项叫"戴明奖"，那个被日本企业家簇拥，像神一样的人物，就是戴明。正是戴明的管理思想，才帮助日本企业取得了巨大成功。

后来，美国广播公司的记者做了专题报道，主题是"日本行，为什么美国不行"，并在黄金时段播出，向美国公众介绍了他在日本企业界的见闻，以及戴明的巨大号召力。报道一经播出，举国轰动，戴明在美国的那间狭小的地下室工作间忽然热闹起来，电话几乎被打爆，很多大型公司如摩托罗拉、福特，都邀请他去做管理顾问，戴明的思想终于在本土放出光芒。

美国企业补上了"现代管理"这一课，加上后来互联网技术的兴起，终于反超日本，与日本重新拉开差距，这是后话。那么戴明的管理思想和当时制造业的主流管理思想到底有什么不一样？如果用一句话来概括，可能是这句。

在绝大多数的系统或业务中，94%的问题是系统的问题，而只有6%的问题是特殊的问题。

—— 戴明

当时在制造业，主流的管理思想认为，质量管理就是品质部的职责，与其他部门无关。而戴明认为，当品质部介入质量问题时，往往已经晚了。质量问题是所有部门的问题，产品规划、选型、选材、设计、制造等一系列流程，都涉及质量管理，它是一个系统工程。

日本人完全认同这种思想，日本工业在崛起的过程中，产品质量之所以能从粗糙低劣到品质优良，在用户中获得了良好的口碑，和这种系统化的质量管理思想紧密相关。

戴明的管理思想不只适用于制造业。从系统的角度观察，企业中的种种问题，本质是什么？绝大部分是团队内部协作的问题、跨部门协作的问题，本质上都是系统问题。对于这类问题，如果用头痛医头、脚痛医脚的方式，永远无法解决，永远是"按下葫芦浮起瓢"。必须看到，它们的本质是系统问题，要用系统的思维去解决。

顺藤摸瓜，新问题来了：什么是系统问题？怎么理解？看一个例子（见图6-1）。

图6-1 认识系统问题：造航母和培养孩子上清华，哪个更难

曾经有人讨论一个问题：给你足够的人力和资源，造一艘航空母舰和培养你的孩子上清华，两者哪个更难实现？

大家最后的共识是：造航母是复杂的问题；培养孩子上清华是极其复杂的问题，是一个更复杂的系统。

为什么？因为大家认为，造航母有标准化的流程、清晰的质量控制标准，过程相对来说是可控、可复制的。但培养孩子上清华需要主观能动性，需要父母、孩子双方的意愿，甚至需要考虑基因，考虑人的思维模式，中间的不确定因素太多。不仅有资金、资源因素，还有人的因素，各种变量极其难以量化，难以控制，也难以复制。所以说，这是更复杂的系统。

类似这种多因素协同作用的问题，我们称其为"系统问题"。我们不是做学术研究的，所以不做学术定义了，只通过一个例子来帮助大家了解这个概念。我们想提醒大家，在生活和工作中遇到类似的复杂问题时，头痛医头的单点处理方式往往是无效的，只会徒增很多烦恼。这时需要上升一层，用系统化的格局和方式来解决问题，效果更好。

6.1.2　系统化解决问题的工具：逻辑思维六层次模型

用系统化思维解决复杂问题，首先要建立系统化的思维框架，理顺思维的逻辑。

我们在这里介绍一个经典的思维模型，是美国心理学家罗伯特·迪尔茨的逻辑思维六层次（见图6-2），把人们从发心到行动的思维逻辑讲得非常清楚。

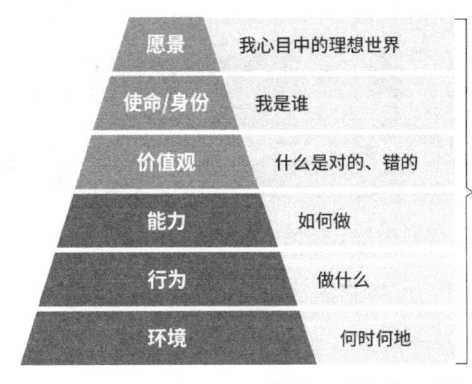

层次	描述	说明
愿景	我心目中的理想世界	• 下三层由意识决定，上三层由潜意识决定
使命/身份	我是谁	
价值观	什么是对的、错的	• 低层次的问题，其根源往往在更高层次，由此入手更容易找到解决方法
能力	如何做	
行为	做什么	• 六层次如果能一直连贯，则身心一致，很多问题自然能迎刃而解
环境	何时何地	

图6-2　罗伯特·迪尔茨：逻辑思维六层次

逻辑思维六层次不是做定量分析，思维本身也没有办法被精准地衡量，但它能够对思维所处的层面做定性的判断，让人们可以灵活转换自己思维的高度、角度，快速找到解决问题的突破口。

下面来看一个例子。家里面地很脏,这是个问题,这个问题怎么解决?一般人可能会这样想。

环境:地面不干净,主要是环境问题。楼层高,风大,尘多;房间大,家具多,不好打扫……很多原因。

行为:我扫地扫得不勤快,实在脏得不行了才动一动。

能力:我扫地的能力不行,动作慢,不会做家务;体力差,扫一会儿就累了。

以上是一般人看待扫地问题的方式。

环境、行为、能力在人的思维层次中处于下三层,我们简称它们为"下三层"。实际上你会发现,这些因素确定影响扫地。但仅这些因素,就决定了家里一定会很脏吗?不见得,更多的因素可能和你的愿景、使命、价值观有关系。

例如,如果你的愿景是"外面的世界更精彩,家里的小环境不重要。家里脏不脏,和外面的美好世界没什么关联",那你可能永远都不会积极地去扫地。

但有的人的愿景是这样的:"一屋不扫,何以扫天下?家里地面太脏了,这就是对我信念和形象的否定,和我设想的美好生活格格不入。"如果你这样想,那你的"下三层"会截然不同。

愿景、使命、价值观存在于人的头脑中,决定了人的行为,我们简称它们为"上三层"。

所以,每个人"上三层"的意识,决定了"下三层"的行为。像家里扫地这个例子,如果一个人总是扫不干净,家里总是很脏,很可能不是"下三层"的问题,而是"上三层"的问题。

6.2 团队协作的实战工具与应用拆解

6.2.1 逻辑思维六层次模型在沟通中的应用：非暴力沟通四步法

解决复杂问题的一些要点如下。

- 需要系统思维，建立系统认知。当你看到一些复杂的问题，貌似是个人问题、单个部门问题，但迟迟得不到解决时，就可以将其上升一个高度，从系统的角度来思考。要建立系统思维模式，如逻辑思维六层次。
- 借助一些技巧、工具、流程来解决复杂问题，效果更好。
- 在需要的时候，借助外部教练，有助于团队解决协作问题。

前文我们区分了逻辑思维的6个层次。团队协作沟通时，思维转换也是有规律、有流程的，可以这样理解（见图6-3）。

		流程	团队协作沟通一般思维规律	非暴力沟通四步法
愿景	我心目中的理想世界	3	信念	需求
使命/身份	我是谁			
价值观	什么是对的、错的	2	感受	感受
能力	如何做			
行为	做什么	4	行为	请求
环境	何时何地	1	观察	观察

图6-3 团队协作沟通时一般的思维规律

团队协作沟通一般包括4个环节：观察、感受、信念、行为。从理性到感性，再回到理性，这是一个普遍的思维规律。当沟通协作因为简单粗暴而产生摩擦、冲突时，从这个普遍的思维规律入手，往往能找到更好的解决办法。

开展团队协作复盘，基于两种典型场景，我们推荐两种工具。

- 一对一沟通处理协作难题，可以使用非暴力沟通四步法。
- 团队沟通推动协作，可以使用4F团队协作复盘画布。

对已经出现的难题进行拆解，可以视为复盘。下面分不同的场景介绍这两种工具的使用方法。

当团队协作面临冲突或棘手的问题，需要一对一沟通时，非暴力沟通四步法是不错的选择，它的内核是逻辑思维六层次。

非暴力沟通的倡导者马歇尔·卢森堡博士，曾经到巴勒斯坦去宣传他的理念，希望通过更合理的沟通方式让人们增进了解和友好协作。当地人对这个来自敌对阵营的人充满了抵触和愤怒，台下的听众不断叫喊、躁动。面对巨大的压力，卢森堡博士用非暴力沟通法感受听众的情绪、氛围，用同理心聆听他们的诉求，理解他们的文化，终于得到了当地人的认同和尊重，甚至和当地人成为好朋友。由于他的宣传推动和成功实践，非暴力沟通在全世界范围内被广泛传播，获得了普遍的认同。

非暴力沟通四步法的流程是：观察、感受、需求、请求。这种沟通方式符合人们的心理需求，更容易被人接受、信任。大家可以从对非暴力沟通四步法的解读和案例（见图6-4）中更好地理解团队协作沟通的一般规律，从而更好地掌握团队协作复盘的底层逻辑。

观察：好的团队沟通一定建立在客观事实的基础上，"我观察到了什么"，这种表达一定是基于事实的。

看图6-4中的例子。"你总是不配合我"，这是一种批判，对方一定会抵触。如果将表达的内容转换成事实呢？"我最近组织了3次活动，每次你都不参加"，这是观察到的客观信息，更容易被接受。

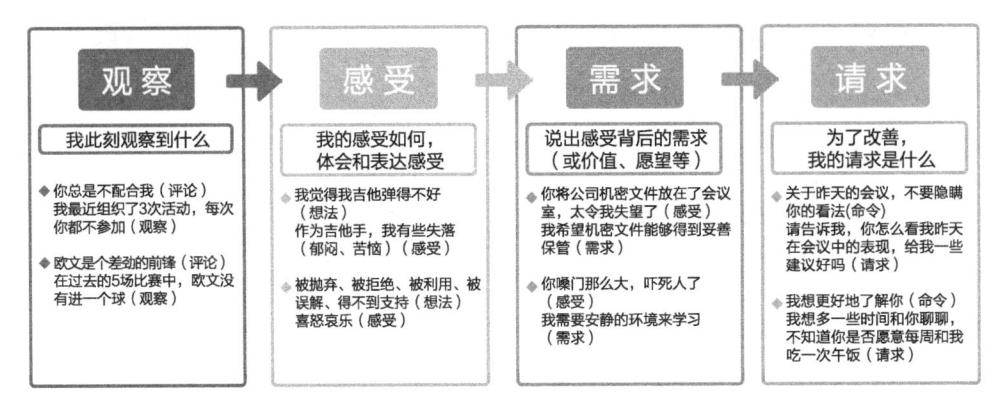

```
┌─────────────┐    ┌─────────────┐    ┌─────────────┐    ┌─────────────┐
│   观察      │ →  │   感受      │ →  │   需求      │ →  │   请求      │
├─────────────┤    ├─────────────┤    ├─────────────┤    ├─────────────┤
│我此刻观察到 │    │我的感受如何,│    │说出感受背后 │    │为了改善,    │
│什么         │    │体会和表达感受│   │的需求       │    │我的请求是什么│
│             │    │             │    │(或价值、愿望│    │             │
│             │    │             │    │     等)    │    │             │
├─────────────┤    ├─────────────┤    ├─────────────┤    ├─────────────┤
│◆你总是不配合│    │◆我觉得我吉他│    │◆你将公司机密│    │◆关于昨天的会│
│ 我(评论)  │    │ 弹得不好    │    │ 文件放在了会│    │ 议,不要隐瞒│
│ 我最近组织了│    │ (想法)    │    │ 议室,太令我│    │ 你的看法(命│
│ 3次活动,每 │    │ 作为吉他手,│    │ 失望了(感受)│   │ 令)        │
│ 次你都不参加│    │ 我有些失落  │    │ 我希望机密文│    │ 请告诉我,你│
│ (观察)    │    │ (郁闷、苦恼)│    │ 件能够得到妥│    │ 怎么看我昨天│
│             │    │ (感受)    │    │ 善保管(需求)│   │ 在会议中的表│
│◆欧文是个差劲│    │◆被抛弃、被拒│    │             │    │ 现,给我一些│
│ 的前锋(评论)│   │ 绝、被利用、│    │◆你嗓门那么大│    │ 建议好吗(请│
│ 在过去的5场 │    │ 被误解、得不│    │ ,吓死人了  │    │ 求)        │
│ 比赛中,欧文│    │ 到支持(想法)│   │ (感受)    │    │◆我想更好地了│
│ 没有进一个球│    │ 喜怒哀乐(感│    │ 我需要安静的│    │ 解你(命令)│
│ (观察)    │    │ 受)        │    │ 环境来学习  │    │ 我想多一些时│
│             │    │             │    │ (需求)    │    │ 间和你聊聊,│
│             │    │             │    │             │    │ 不知道你是否│
│             │    │             │    │             │    │ 愿意每周和我│
│             │    │             │    │             │    │ 吃一次午饭  │
│             │    │             │    │             │    │ (请求)    │
└─────────────┘    └─────────────┘    └─────────────┘    └─────────────┘
```

图6-4 团队协作沟通的一般规律: 非暴力沟通四步法

又如,"欧文是个差劲的前锋",这是一种评论,对方可能会抗拒。换一种说法,"在过去的5场比赛中,欧文没有进一个球",这就是事实了,对方不会反驳。

所以,处理团队协作的冲突时,要做有效沟通,首先要讲客观事实,即你观察到了什么,让沟通建立在共同的客观信息基础上。这是非暴力沟通的第一个要点。如果一上来就做评论,沟通就无法进行了。

感受: 观察到的客观信息,在逻辑思维六层次中属于下三层。到了感受层面,就开始进入上三层,这个环节是沟通中从下三层到上三层的转换。

有效的沟通并不是不带情绪,而是在客观信息的基础上表达感受。在图6-4中,"作为吉他手,我有些失落",这就是感受,是表达的情绪,这也是一种客观、真实的表达。但另一种表达方式,"我觉得我吉他弹得不好",这就是一种想法、观点和评价。想法很可能因人而异,见仁见智,客观真实的感受比主观的想法更容易被人认同和接受。

表达真实、具体的感受,而不是急于抛出主观的想法,这是非暴力沟通的第二个要点。

需求: 需求是对上三层的表达,一个人的思维左右着他的需求。你的愿景(理想的工作、生活)和使命(你是一个什么样的人,你有什么身份标签)决定了你想要什么。

举个例子。在图6-4中,"我希望机密文件能够得到妥善保管""我需要安静的环境来学习",都是需求和期待。

过于含蓄,扭扭捏捏,不愿意表达需求,或者用情绪、观点来代替需求,如"你把公司的机密文件放在会议室,太令我失望了",这样的表达会让对方抓不住你想要的东西,无所适从。需求要客观、清晰地讲出来。

表达清晰的需求,而不是表达情绪和感受,这是非暴力沟通的第三个要点。

请求:最后落实到具体行动上,给对方选择的权利,体现对对方的尊重。"关于昨天的会议,不要隐瞒你的看法",这是命令。"请告诉我,你怎么看我昨天在会议中的表现,给我一些建议好吗",这是请求。

在行为层面,互相尊重,提出请求,表达希望对方如何协作,这是非暴力沟通的第四个要点。

拆解了非暴力沟通的4个步骤,我们用简单直白的语言归纳一下,可以这样理解(见图6-5)。

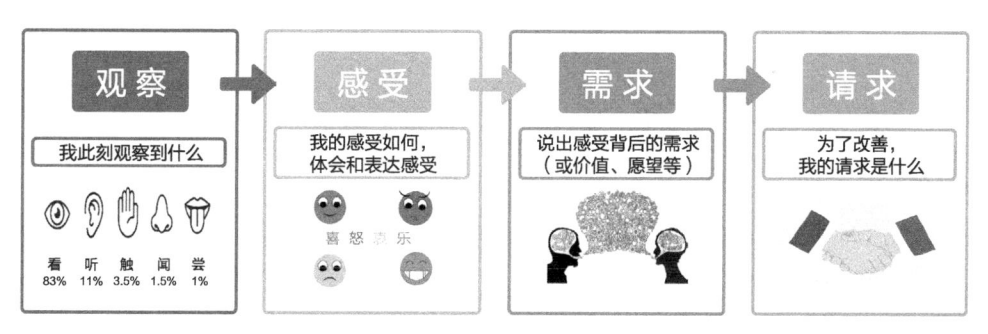

图6-5 非暴力沟通四步法

简单来讲就是,观察:在事实层面,我听到了什么,看到了什么;感受:我的情绪,包括喜怒哀乐;需求:我想要什么?请求:我希望你做什么?

客观真实、开放坦诚、互相尊重,这是团队协作的基础,非暴力沟通四步法把这些原则变成了容易操作的动作、可以遵循的流程。一开始用这个工具时你可能不熟练，因为个人的心理习惯、行为习惯都需要改变，但这种改变对你成为一个团队协作高手大有帮助。

面对实际问题，如何使用非暴力沟通四步法？看一个例子（见表6-1）。

表6-1 婆婆爱卫生，儿媳爱轻松，怎么办（分析）

逻辑层次	婆婆	儿媳
愿景	家就应该是干干净净的（家族传统）	家就是轻松快乐的港湾
使命/人设	我是一个爱家的女主人	我是家里的快乐女王
价值观	干净就是好	人生快乐就好
能力	清洁房间能力超过五星级酒店员工	从小就不太会搞卫生，再乱我也能一下子找到我想要的东西
行为	每天再忙也要保证用30分钟清洁每个房间	每月请钟点工清洁一次
环境	300平方米三层别墅/干净	90平方米公寓/杂乱

在6.1.2小节，我们讲到一个打扫卫生的例子，假设现在就有这样一个难题：婆婆爱卫生，儿媳爱轻松，怎么办？婆媳也是一个小团队，发生冲突了，看起来是一个地狱级的难题。下面用非暴力沟通四步法来做复盘。

先看一下表面的冲突点在哪里。

环境：婆婆住三层别墅，能将每个房间打扫得干干净净；儿媳住90平方米的公寓，屋子很杂乱。

行为：婆婆再忙，每天也要花30分钟打扫房间；儿媳一个月才请钟点工来清洁一次。

能力：婆婆做家务的能力一流；儿媳认为自己的能力也不错，虽然公寓很乱，但她有一项特殊的技能，就是能从一堆杂物中快速找到自己想要的东西。

好了，完全不一样的人，如果不在一起生活也没关系，但现在儿媳生孩子了，为了照顾孩子，婆媳必须在一起生活，怎么办？一个不小心，火星碰地球，这个说"你没用"，那个说"你多事"，日子没法过了。

从行为层面看,矛盾尖锐,难以调和。所以要上一个层面,去看她们的"上三层"。

先来看婆婆的"上三层"。

婆婆的愿景:家就应该是干干净净的,这是我们的家族传统。使命,这里将它形象地写成"人设",因为一个人长期坚持的使命就是他的身份标签、人设。婆婆的人设:我是一个爱家的女主人,家庭卫生代表我对家庭的爱和责任。婆婆的价值观:干净就是好。这也是很多中国人的传统理念。

再看儿媳的"上三层",也很有道理。

儿媳的愿景:家是轻松快乐的港湾。这是现代女性的普遍观念。儿媳的人设:我是家里的快乐女王。人生的终极意义不就是幸福快乐吗?我为快乐承担责任,多么负责,多么伟大。这当然是非常棒的想法。儿媳的价值观:人生快乐就好。所以,干吗纠结干不干净的事呢?

看了"上三层",我们发现,矛盾、冲突出来了,而且它是价值观、人生观、世界观的冲突,就是"三观不合"。一些冲突看起来是小事,但长期得不到解决的小事,往往源于三观不同,而且这种冲突的破坏力可不小。

分析完了,要尝试解决难题。可以使用非暴力沟通四步法(见表6-2)。

表6-2 婆婆爱卫生,儿媳爱轻松,怎么办(解决)

逻辑层次	婆婆	儿媳	沟通步骤
愿景	家就应该是干干净净的(家族传统)	家就是轻松快乐的港湾	3—需求
使命/人设	我是一个爱家的女主人	我是家里的快乐女王	
价值观	干净就是好	人生快乐就好	
能力	清洁房间能力超过五星级酒店员工	从小就不太会搞卫生,再乱我也能一下子找到我想要的东西	2—感受
行为	每天再忙也要保证用30分钟清洁每间房	每月请钟点工清洁一次卫生	4—请求
环境	300平方米三层别墅/干净	90平方米公寓/杂乱	1—观察

观察（假设婆婆要和儿媳沟通了，她这样说）：我看到公寓的摆设是这样的，地面是这样的，我看到什么现象……

感受（感受介于"下三层"和"上三层"之间，是客观的感知、情绪）：我看到这样乱糟糟的，感觉很不习惯，生活不便利，不舒服……

需求：我希望家里是干干净净的，自己看到会有好心情，孩子会养成好习惯，客人来访也会感觉温馨整洁……我也理解你的需求，开心快乐也是很好的想法……

请求（如果能在请求中求同存异那最好了）：现在有小孩了，就不要每月请一次钟点工了，可以每周一次，甚至每天都打扫，这对小孩健康很重要……

以上是婆婆的沟通内容，从观察、感受，到需求、请求。儿媳也使用这种方式和婆婆沟通，相信达成共识的概率会大得多，而不会剑拔弩张。

从这个复盘案例中可以看到非暴力沟通的特点，先观察、感受，上升到思维，再回到行为，其中有几个要点。

- 反馈信息，客观具体；表达感受，坦诚真实。在团队协作中，冲突的一个重要来源不是恶意，而是不同人有不同的视野、不同的角度，输入的信息不同，感受不同，形成了巨大的差异。客观信息的同步是团队协作的第一步。

  这里常见的误区是，在冲突面前直接表达个人观点和评价，忽视、忽略事实信息，这使团队协作、求同存异变得更加困难。

- 表达需求，互相接纳。团队协作的冲突背后往往是双方的坚持。坚持的背后是人设，人设的背后是善意。因为有善意，所以不同的人可以相互协作，但大家需要表达清楚自己的信念、人设、需求。

  发生冲突的常见原因是不了解对方行为背后的信念而妄加揣测，忍一时越想越气，退一步怒火中烧，陷于自我想象的世界无法自拔。

因此，在处理复杂的团队协作问题时，忽略"上三层"，忽略信念的交流，而只是就事论事，往往于事无补。有的人习惯"我要我以为，我不要你以为"，封死了对方表达信念的出口，这是激化矛盾的做法。

- 表达请求，求同存异。信息同步、信念同步是团队协作的基础。而到了表达请求环节，需要向前一步思考，找出双方都能接受的行动，求同存异。

在信念上提高一层，在行动上向前一步，这是团队协作的必要姿势。这个环节的误区是固守自我，"因为我是对的，所以应该怎么做我不管，你自己去搞定"。高度不提升，行为不跨界，你就只能独立存在，不能和其他人互相连接。

在团队协作中，非暴力沟通四步法可以复盘拆解难题，在一对一沟通中提升效率。

曾有读者问：如果所有的沟通都用这种方式，岂不是太麻烦、太僵化？不必有这样的顾虑。复盘应对的是关键决策、复杂问题。工具的使用应与场景相匹配，简单的问题用简单的沟通方式，复杂的难题用更有效的工具。

6.2.2 非暴力沟通升级版工具：4F 团队协作画布

团队协作复盘的另一个典型场景是集体对话，我们推荐大家使用4F团队协作复盘画布。4F团队协作复盘画布的底层逻辑和操作流程如图6-6所示。

开场
欢迎大家，说明目的
空杯心态，悬挂假设

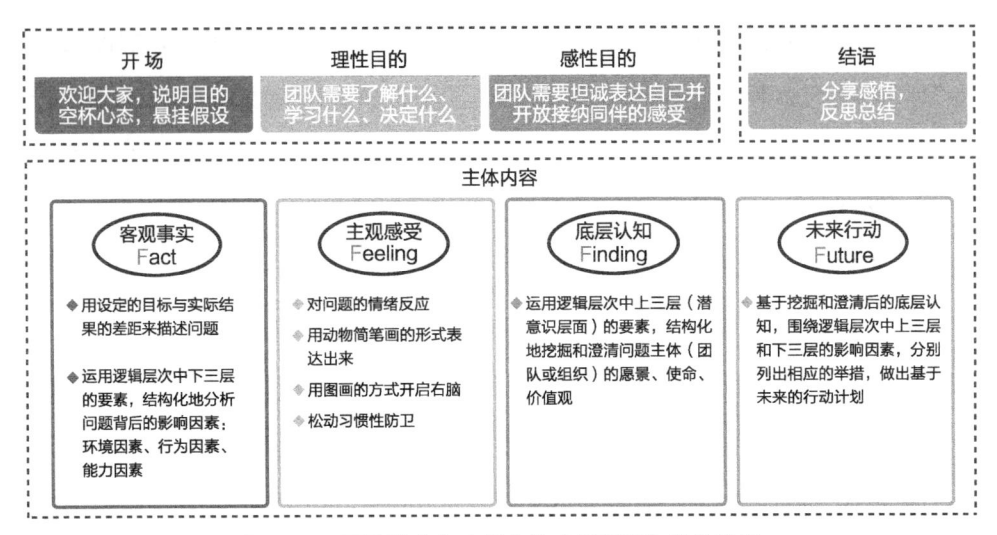

理性目的
团队需要了解什么、学习什么、决定什么

感性目的
团队需要坦诚表达自己并开放接纳同伴的感受

结语
分享感悟，反思总结

主体内容

客观事实 Fact
- 用设定的目标与实际结果的差距来描述问题
- 运用逻辑层次中下三层的要素，结构化地分析问题背后的影响因素：环境因素、行为因素、能力因素

主观感受 Feeling
- 对问题的情绪反应
- 用动物简笔画的形式表达出来
- 用图画的方式开启右脑
- 松动习惯性防卫

底层认知 Finding
- 运用逻辑层次中上三层（潜意识层面）的要素，结构化地挖掘和澄清问题主体（团队或组织）的愿景、使命、价值观

未来行动 Future
- 基于挖掘和澄清后的底层认知，围绕逻辑层次中上三层和下三层的影响因素，分别列出相应的举措，做出基于未来的行动计划

图6-6 4F团队协作复盘画布的底层逻辑和操作流程

底层逻辑

逻辑线

4F团队协作复盘画布的逻辑线是，从客观事实到主观感受，再挖底层认知和未来行动，这来自团队协作沟通的一般规律：观察、感受、信念、行为。在图6-6中，逻辑线中的每个环节都有详细的描述，大家可以结合下文的画布和案例做进一步理解。

引导线

作为引导者，要关注3个大的环节。一是开场，让大家有空杯心态。"悬挂假设"是说，大家过去有很多观点、看法，可以先搁置。今天的流程中会导入很多新的信息，这些信息是来自不同角度的客观事实、客观感受，都是真实的，但可能会让大家形成不同的观点。所以对于过去的观点，不要急于抛出来，也不要急于否定，这叫"悬挂假设"，先把过去的成见"挂起来"。而后，引导者阐明理性目的、感性目的。

二是主体内容，分成4个步骤，在客观信息、情绪层面达成共识，在信念层面求同存异，进而落实到具体行动。

三是结语。

逻辑线与引导线是4F团队协作复盘画布的底层逻辑。

画布展示出来的具体形式如图6-7所示。

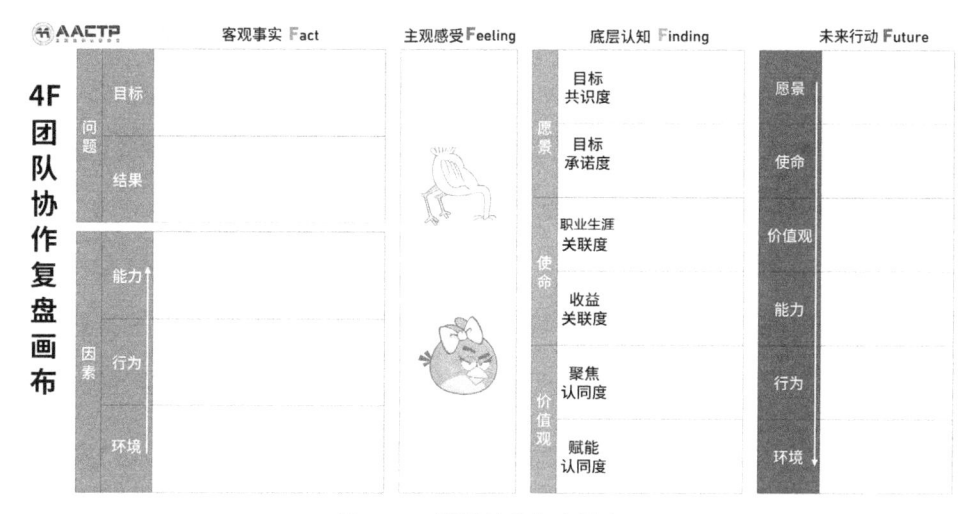

图6-7　4F团队协作复盘画布

操作流程

4F团队协作复盘画布的具体操作流程如下。

客观事实：把问题表述出来，问题就是目标和现实结果之间的差距。在做因素分析的时候，可以自下而上，从环境因素、行为因素到能力因素，对问题的成因做分析。

主观感受：前文和大家分享过，感受是从下三层向上三层的过渡，是表达真实客观的情绪。请参与复盘的伙伴用画画的方式来表达自己的主观感受，因为图画是感性的，做复盘一定要有足够多的感性因素。

底层认知：团队协作有问题，上三层愿景、使命、价值观是否没有达成认同？

关于信念，不能空泛地讨论，需要具体化，可以用6个指标来体现：目标共识度、目标承诺度、职业生涯关联度、收益关联度、聚焦认同度、赋能认同度。

愿景的共识程度怎么衡量？可以分解成两个指标：目标共识度和目标承诺度。大家对目标有没有共识？有没有承诺？以此来衡量团队是否真的有共同愿景。

使命的共识程度怎么衡量？可以分解成两个指标：职业生涯关联度和收益关联度。现在大家做的事情，和你的业务、你的职业生涯有没有关联？和你的收益有没有关联？个人和团队想做的事情高度关联，那大家就是同路人。如果相互之间还高度信任，那大家就是同心人。

价值观的共识程度怎么衡量？可以分解成两个指标：聚焦认同度和赋能认同度。事的层面，要做的事情有没有聚焦？聚焦在哪里？这非常重要。人的层面，大家是团队协作或跨部门协作，团队或跨部门的工作内容有没有做赋能培训？赋能之后，大家的实际共识度、认同度怎么样？

以上是6个测量指标，参与复盘的人对这6个指标打分，10分为满分，可以打几分？

未来行动：我们意识到，下三层的问题，根源可能在上三层，上三层是信念层面，为了避免空泛，我们做了量化打分。

基于这些分析再来思考怎么改善的问题。这个改善要由上而下地讨论，从愿景、使命、价值观，到能力、行为、环境。愿景的共识程度怎么改善？还是从上文讲的两个具体指标入手。使命的两个指标、价值观的两个指标有什么改善措施？然后讨论能力：我们这个团队要怎么提升能力？我们需要做哪些行为改善？环境和外部资源有哪些需要改善？

以上就是4F团队协作复盘画布的引导流程和使用方法。

下面来看一个真实案例：如何推动渠道团队协同作战？

背景：某培训公司渠道管理部业绩不理想，到10月业绩才完成40%，形势非常严峻。此前开了很多会，做了多次调整和尝试，但改进效果始终不明显。

渠道业务对团队协作的要求非常高，因为这个团队不是纯粹的公司内部团队，公司有渠道管理部，而拓展业务的主要人员大部分是外部渠道合作伙伴。大家不属于同一家公司，相对都是独立的，所以理念协同、动作协同对业务成功影响极大。

研讨准备：看起来情况比较复杂，大家考虑使用4F团队协作复盘画布来推动问题的解决。复盘教练召集渠道管理部的7~8位同事，用半天时间做研讨，按照画布的流程进行开放式研讨、共创。过程如图6-8所示。

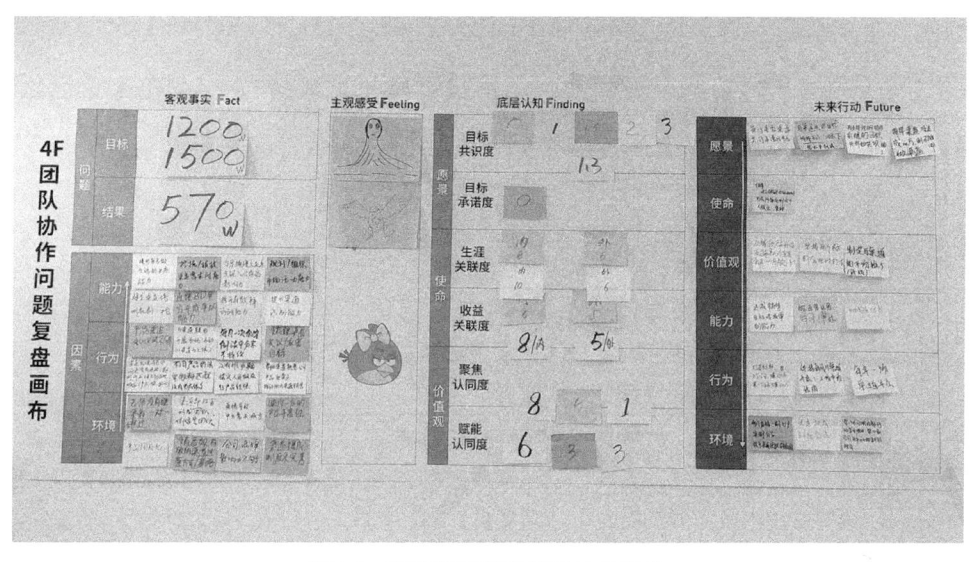

图6-8 渠道管理部的团队协作复盘

客观事实：大家先一起来回顾客观事实，不用纠结其他事情，先聚焦目标（见表6-3）。

该团队要关注的问题，就是目标和现实结果之间的差距，避免在一些描述性问题上纠缠，不把问题复杂化。

表 6-3 查找问题，直接聚焦目标

问题	目标	保底目标：1 200 万元；挑战目标：1 500 万元
	结果	570 万元

从表6-3中可以看到，目标的达成情况很不理想，这意味着在整体工作中一定存在严重的问题。

下一步是对所有的影响因素做初步分析，大家把自己认为导致问题的环境因素、行为因素、能力因素都写在便笺纸上，贴出来。

例如，一位同事认为导致问题的环境因素是疫情影响、产品短板、客户质量不佳等，这些内容都可以列出来；行为因素是有些事情团队该做但是没做，有些事情不该做，团队却又做了，导致方向跑偏，这些内容也可以列出来；能力因素是团队（包括团队成员）在某些方面存在能力短板，导致了问题的发生。

团队成员一起头脑风暴，罗列出影响因素（见表6-4），列出来之后做初步碰撞。有些因素是有道理的，是大家共识的痛点，这一步走到这里就可以了。

表 6-4　列举影响目标达成的因素并研讨

因素						
	能力	提升自己做B端业务的能力	直接以BD角色对接甲方并成单的能力	规划、组织市场活动的能力	培训渠道卖产品的能力	提升临门一脚的能力
		敏锐挖掘渠道、做大喇叭口的能力	与渠道建立关系及深入合作的能力	提升对高质量渠道的识别能力	建立渠道沟通圈子的能力	简单直白提炼产品卖点的能力
		挖掘/捕捉渠道需求的能力	提升有效拜访的能力	有效拜访的能力（每次拜访定目标）	提升知识面（阅读范围更广泛）	公开宣讲产品的能力
	行为	没有系统的市场运作体系	市场活动频次不够	与渠道联合开展市场活动（以渠道为主体）	有效拜访的主动性和次数不够	跑动是否足够勤奋
		触达不到渠道客户	产品资料送达和产品培训不够	没有品牌推广活动	不同产品的谈单、物资支持没有形成体系	要帮助渠道客户熟悉产品卖点，推动渠道销售

续表

因素	行为	渠道之间没有沟通平台或机会	渠道经理与总部沟通没有渠道	渠道诉求得不到及时响应（如产品、文案、投诉等）	每月一次的案例、谈单分享不持续	还没有进入渠道的人际圈
	环境	老师没有和渠道一对一绑定	没有高效的渠道运营策略、套路	产品不够丰富，品种太少	整体经济下行	与渠道没有私交
		产品同质化	疫情导致甲方需求减少	渠道提成制度不完善	对渠道业务没有差异化的政策支持	缺少专门的渠道专员
		渠道整体没有形成团队，倒像"团伙"	公司的品牌影响力不够	和渠道合作伙伴没有形成共同学习的氛围	与渠道的关系还不够紧密	希望指定人员担任产品经理

注：表中"渠道"指合作伙伴/经销商。

对于导致问题的因素，暂时不需要做进一步的分类整理，因为在复盘之前，大家对下三层的因素已经做过很多讨论，但并没有找到解决问题的良策。在这里进行头脑风暴，更主要的目的是为下一步研讨做思想预热和准备。如果过去对下三层的交流还不充分，希望在这里强化，也可以走深一些，对导致问题的三类因素做分类和分析。

主观感受：让大家切换到感性思维的模式，过去渠道业务的不顺畅给大家带来了哪些感受？直接用图画展示出来。

理性思考，感性表达；理性分析，感性决策。感性表达是人们思维中的关键环节。

大家是这样表达的（见图6-9）："我觉得自己像八爪鱼，什么都要管，哪里都要抓一把。忙得一头包，但最后什么都没抓牢。""我觉得自己像小鹰，翅膀还没长好，但必须飞。产品不成熟，机制不明晰，流程不健全，到处都是坑，但有业绩指标在后面追着，飞又飞不起来，感觉跟跳楼差不多。"

这是个人的痛苦，也是团队的迷茫。这种感性的因素是推动人们改变现状、寻求突破的强大驱动力。

八爪鱼：四处出击，疲软无力　　雏鹰：势单力薄，处处危机

图6-9　大家的主观感受

底层认知：过去就事论事的传统套路不能解决问题，要从底层认知层面入手。在愿景、使命、价值观层面，是不是能暴露一些问题？

大家通过贴卡片的方式来打分。在底层认知层面避免空谈，也不纠结细节。怎么打分？

先看愿景，有两个量化指标：目标共识度和目标承诺度。

共识是哪些人的共识？肯定不仅是渠道管理部的。渠道团队应该包括哪些人？除了渠道管理部，是否还应该有经销商和公司内部相关的核心支持人员？是否应该是一个跨部门、跨公司的团队？

把关键人员纳入团队，有共识、有承诺，目标才有实现的可能性。如果自我设限，只盯着渠道管理部的小团队，那影响力就只能覆盖这个小团队。

对底层认知打分，最终的结果如表6-5所示。

表6-5　大家对底层认知的6个指标的打分结果

底层认知	衡量指标	平均分（0~10分）
愿景	目标共识度	1.5分
	目标承诺度	0分
使命	职业生涯关联度	与公司内部团队的关联度：8分 与公司外部团队的关联度：6分

续表

底层认知	衡量指标	平均分（0~10分）
使命	收益关联度	与公司内部团队的关联度：8分 与公司外部团队的关联度：6分
价值观	聚焦认同度	5分
	赋能认同度	4分

接着根据打分情况来做一些分析：目前的渠道伙伴是团队、团伙，还是乌合之众？

首先，目标有没有共识？在这次复盘过程中，目标共识度得分非常低，只有1.5分，说明很有可能过去的渠道业务目标是由渠道管理部负责人拍脑袋决定的，然后拍脑袋分派下去，整个团队对目标没有共识。渠道成员是这样看待目标的：完成了也行，没完成也就这样，反正我和你之间又不是隶属关系，你管不着我，我不卖你的产品，也可以卖别家的产品，东边不亮西边亮。

目标承诺度的得分是0分。基本情况就是：经销商跟渠道管理部说"好，今年我给你完成300万元"，然后就没有下文了。基本就是没有承诺，没有压力。

讲得难听一点，这样的团队甚至连"乌合之众"都不算，因为"乌合"，大家起码还在一起，但在该案例中，由于疫情防控，渠道管理部和经销商很少聚会，连微信群都是很晚才建立的。这样的团队，战斗力从何而来呢？信念没有统一，在行为层面零敲碎打地做一些改善，又能有什么效果呢？

通过复盘、打分，把严重的问题暴露出来。底层认知上的各行其是，是对业务严厉的警醒。

再看使命。团队成员为什么做这件事情？一定是因为这件事情会让自己有收益，除了与短期收益相关，还与长期收益相关，即与职业生涯相关。

团队做好了渠道业务,对团队成员的收益、职业生涯有很大帮助吗?看起来还可以,大家打了8分,但这仅限于渠道管理部内部,对外部伙伴的作用并没有那么大,只有6分,这里也有点问题。

再看价值观。在一个团队里可以有不同的价值观,但在两个指标上一定会高度一致:一是聚焦认同度,团队成员需要知道自己的爆款产品是哪个,团队要形成合力,而不是各干各的;二是赋能认同度,市场和产品都在变化,产品的细节和话术也在不断调整,它是动态的,不是静态的,需要密切地赋能,整个工作流程才能运转起来。这两个指标都非常重要,打分的结果分别是5分和4分。整个团队在产品聚焦方面没有共识,业务动作就会散乱;赋能没有持续做,很多工作做得不到位,甚至不了了之,更谈不上顾及不同渠道、不同区域市场对赋能的个性化要求了。

以上复盘了上三层,发现了很多问题。在看到了全貌、看到了系统之后,大家会有全新的观点,在寻求对策时会有不同的思路。

未来行动:大家一起来讨论未来行动,有前面的反思做基础,未来行动的策略、脉络就很清晰了。行动框架(就是上文讨论的6个层面)应该如何改进?还是用贴便笺纸的方式,汇集众智,形成初步的共识(见表6-6)。

表6-6 关于"如何推动渠道团队协同作战"后续的行动改善计划

未来行动	愿景	每个重要渠道都需要共同承诺目标	与渠道共识目标,并且用特别的方式记录和呈现,"压力感+仪式感"	设置渠道保底业绩,不断淘汰更新
	使命	建立目标达成的机制,提供阶梯返利或个人提点奖励	寻找同心同路的渠道和顶尖销售,形成长期的利益联盟	关注渠道的长期市场规划,复制公司打法,提供辅导支持
	价值观	爆款产品共享策略,支持重要渠道在1个月内实现千量级销售	重点训练营,吸引渠道伙伴参加,加深其对重点产品的认知	提供直播课资源,推动渠道强化爆款产品的市场活动

续表

未来行动	能力	以销售目标为牵引,提升促单能力	做直营业务,每月至少1单,提升对直接客户的感知	每月阅读1本书,扩大知识面,增加和渠道之间的共同话题
	行为	打造标杆,帮助3家公司赚100万元,其中重点业务30万元以上	保持与渠道共同开展市场活动的频率,每月1~2场	每年做1场渠道年会
	环境	每月1期打单案例分享,做直播,提升渠道团队的学习氛围	完善渠道提成制度	帮助一家公司成功实施内部行动学习项目,帮助10家公司1年内开展4次翻转课堂学习

愿景层面,在提升目标共识度、目标承诺度上,可以做哪些事情?大家总结了很多行动,其中一项是,要用特别的方式将目标共识记录下来,如军令状、承诺会,制作成视频,要有压力感、仪式感,要让所有人看到大家在做一件非常重要的事情,这关乎大家的将来。

使命层面,在大家提出的行动中,有一个渠道业务的通用打法:渠道可能承诺了200万元的目标,如果达成50万元、100万元,都有相应的分配机制,但到了200万元,会有特别的返点,很多利益都和200万元挂钩,因为你承诺了200万元。这就是使命必达的体现。

要与渠道同心同德,让他们有长期投入的恒心和信心,而不是有一搭没一搭地"顺便"卖你的产品。在这里,可以把你的长期市场规划复制给对方,如果对方看不到的成功路径,你就帮他们看到,并鼓励他们成为你的同路人、同心人。

价值观层面,有没有聚焦?适合各区域市场的爆款产品是什么?跳出渠道团队,其实直营团队已经有了很多成功经验。他们有爆款产品,有成功打法,把这些成功经验萃取出来,形成流程、材料,拿到渠道各个区域去聚焦、简化、复制，做到位。

在其他3个层面，大家初步讨论了一些有价值的改善行动。

能力层面，渠道管理部的同事是不是自己也要做直营业务？是不是必须具备促成B端（企业）大单的能力？只有自己能力过硬，才有底气赋能渠道、影响渠道。

行为层面，是否要系统化地开展市场活动，保持和渠道的密切沟通，高频度地影响和驱动渠道的销售？

环境层面，对于渠道的常见问题，需要迅速澄清，将共性问题的解决方案形成机制，更简单、更明确，消除渠道的疑虑。完善学习机制，让好的经验在团队内部流动起来，大家互相扶助，持续成长。

通过团队协作复盘，渠道管理部发现了业务运营和队伍建设中的深层问题，后续做了方向性调整，业绩实现了飞跃式突破。

可以把团队协作复盘的过程看成头脑风暴或团队共创，不过这里有清晰的思维流动规律，聚焦在如何增强团队凝聚力这一主题上，推动大家反思和升级底层认知。它有清晰的研讨框架，是一种创新的复盘工具。

面对复杂的团队协作问题，复盘教练要带着学员"剥洋葱"，一层一层地推进，剥到核心的上三层，暴露深层问题，然后大家自上而下、势如破竹地思考解决问题的方法，这是一个非常有力量、非常流畅自然的复盘流程，可以让整个团队在信念层面更深刻地融为一体。

我们建议你在自己的企业或团队中使用这种方法，相信你一定会有所收获。

后记

人人都是复盘教练

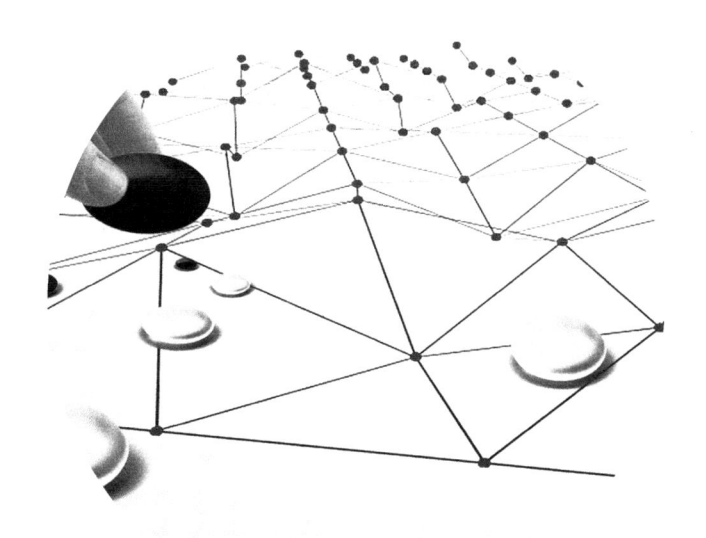

我武断地说一句："人人都是复盘教练。"

为什么我敢这么说呢？因为管理学家德鲁克给管理者重新下的定义，给了我这么说的勇气。

德鲁克在《卓有成效的管理者》一书中为管理者重新下了一个定义：在一个现代组织中，如果一位员工凭借他的职位和知识，对组织负有做贡献的责任，能实质地影响该组织的经营能力和经营成果，那么他就是一位管理者。

在工业经济时代，亨利·福特认为产业工人只需要手脚，最好不要"有脑袋"。亨利·福特是谁？他是美国汽车大王、曾经的世界首富，也是《财富》杂志1999年评选出来的20世纪美国最伟大的企业家之一，他的观点体现了那个时代的企业家群体意识。

进入知识经济时代，即使是快递小哥也要"有脑袋"，需要自行决定如何与小区的保安打交道，如何说服客户自行去快递柜取物等。所以说，快递小哥就是知识经济时代的一位管理者，只是他的下属只有一位——他自己。

"人人都是管理者"，但大部分新时代管理者都没有读过MBA，那他们是如何学会管理的呢？

大部分管理者和首次成为父母的成年人一样，都是先上岗再学习，边干边学，在实践中通过不断总结经验获得成长。可以说，管理者就是自己的老师和教练，也许以后还要成为别人的老师和教练。这种在实践中总结经验的自我教练过程体现了本书的主题：复盘。这两个字同时也是人们在成长过程中的关键词和主题词。

所以，我武断地说一句："人人都是复盘教练。"

如何成为一名好的复盘教练？很多二孩家长在育儿实践中复盘总结了一句话：大宝照书养，二宝照猪养。虽然是一句玩笑话，但它真实可信又朴实无华，是很多家长养娃的两个阶段。在工作中成为复盘教练的路径，也是这两个阶段的辩证发展过程。

第一阶段，"大宝照书养"，就是先僵化、固化，照着书本学技术、走流程。

第二阶段，"二宝照猪养"，就是自然优化的过程，让流程自然流动，大胆放手，只盯关键节点。

下面分享一下我成为复盘教练的经历。

刚开始学复盘的时候，我都是就事论事，从项目复盘开始，拿着美国培训认证协会项目复盘画布机械地走流程。

项目复盘从回顾目标开始。

在这一步，复盘教练的一个重要的结构化工具是四维提问法（参见图0-1）：上堆、下切、寻因、问果，作为初学者的我就拿同事来练手，依葫芦画瓢，学教练式提问，第一层问题"上堆到战略"，问同事：我们的目标是什么？这个目标对公司的业务真的有战略价值吗？体现在哪里？跟上司确认过吗？

第二层问题"问果到指标分解"：项目目标符合SMART原则吗？是否需要参考平衡计分卡的设计？

第三层问题"寻因到激励因子"：我们的项目组同事真的有强烈的意愿做好这个项目吗？做好项目后的奖励是什么？物质和非物质的都可以，关键是要设身处地地想一想，如果你自己是项目组成员，你有没有为了这个激励因子加班加点干一阵子的冲动。

第四层问题"下切到承诺"：员工是"要我做"还是"我要做"，对项目目标有自愿做出承诺吗？如果没有，是否要引导一下？

第一次练手的效果很好，因为这么问，总有一两个问题问到了项目负责人工作和思考的盲点、关键点，对他们有很大的启发。

于是，我继续依葫芦画瓢，项目复盘的后三步也照着美国培训认证协会项目复盘画布的指引，学着结构化地提问。

原来，当教练就是会结构化地提问呀！这是我悟出的第一个规律。

美国培训认证协会有五大工具复盘，每个工具都是一种结构化的思考方式和教练提问方式，正好击中了人们常规思维的盲点，甚至是痛点，这有点反人性。

例如，鱼缸会议就是结构化的"批评与自我批评"。项目复盘复的主要是事，而在重大事件中，更需要复盘的对象是人。如何用流程触发人的反思，又不会将会议变成批判会，或者变成走过场的茶话会？这很难把握，但极其重要。

鱼缸会议就是这样一种结构化会议形式，"借事修人"，借着事件复盘的流程来修炼人，注意：不是修理人，否则就真的变成批判会了。

在这样一个有可能让自己"里外都不是人"的场域，复盘教练该怎么做呢？

复盘教练要掌握两个流程化工具：BIA和BID。

什么是BIA？就是"积极性反馈"，包含3个要素：具体的行为、正面影响和欣赏。

举个例子："我看到您在过去一个月都在周五晚上7—8点组织复盘会议（B），让团队中的每位成员都聚焦于我们的共同目标，保证了项目的进展（I），感谢您的投入（A）。"

这段话包含了B（具体行为）、I（正面影响）、A（欣赏）3个要素，是一种结构化的反馈方式，既客观又直接。

什么是BID？就是"发展性反馈"，包含3个要素：具体行为、负面影响和期待的结果。

举个例子："我观察到你今天在1小时的培训中至少两次拿起手机做与培训无关的事情，中途还出去了一次（B），以至于我们小组被扣了两分

（I），希望接下来你能把手机收起来，积极投入学习，为咱们团队挣回2分（D）。"

这段话包含了B（具体行为）、I（负面影响）、D（期待的结果）3个要素，同样也是一种结构化的反馈方式，既客观又直接。

复盘教练是流程化会议和培训专家，也是结构化提问和引导专家，先利用鱼缸会议的流程营造开放透明的沟通氛围，然后通过BIA和BID两个结构化工具，引导每位参与者对事件当事人进行强制性的结构化反馈，这是鱼缸会议中复盘教练的两大套路。

流程就是流程，结构化工具就是结构化工具，为什么这里要用"套路"这个词？

因为复盘的关键是反思，但人的天性可不是反思，而是待在舒适区。如何让人走出舒适区？一是通过流程营造氛围，让参与者感到安全，并意识到适当地走出舒适区是在扩充自己的舒适区，复盘的目的是成长而不是秋后算账；二是通过略带强制性的结构化工具引导参与者打破自己的常规思维，发现自己的思维盲点，有一点顿悟，有一点行动，有一点进步。

鱼缸会议正是通过打造开放透明的氛围和强制性结构化反馈这两大套路，既规避了常规反思会议的习惯性"评判在先"，又避免了泛泛的"你好、我好、大家好"的茶话会式反馈，达到了"借事修人"而不是"借事修理人"的目的。

原来，复盘教练就是套路专家，流程的背后是人性。这是我悟出的第二个规律。

当我悟出这个规律后，我好像自然地就进入了养娃的第二阶段："二宝照猪养"。我从僵化、固化阶段进入了优化阶段，让流程自然流动，大胆放手，只盯关键节点。

例如，现在我在项目复盘的"回顾目标"这一步，不会全流程地走完

"上堆、下切、寻因、问果"这4步，而是抓住其中某个关键点，穷追不舍，问出当事人的顿悟，问出他的下一步行为改进。一定要有真正的反思和改善，而不是点到即止、贪多求全。

我的原则是"给别人开的药要自己先吃"。最近一次复盘是我们公司微信视频号团队的复盘。回顾目标的时候，先问"上接战略"，没问题，这个大家都知道很重要，略过。再问"下切承诺"，这是全新的探索，大家基本的意愿还是有的，不急着问承诺。好，复盘教练可以有个预判：关键环节就是"问果到指标分解"和"寻因到激励因子"了。

对于新兴的业务，很多时候老板都不知道目标是什么，无法给出具体的指标。但作为职业经理人，"以终为始"是基本的素养，一定要时时刻刻思考、预判近期的目标并及时修正。

怎么思考和预判？这个时候，结构化工具就可以帮忙了，复盘教练可以借用平衡计分卡这个结构化工具进行引导，微信视频号的目标可以分为4类指标。财务指标：成单多少？客户指标：有多少粉丝？效率指标：有没有形成一套有效的运营动作，如标准作业流程？团队成长指标：有没有打造一个有魅力和影响力的主播团队？这4类指标可以引导团队更好地反思和总结规律，在战争中学习战争，打赢一场未知的战争。

再问"寻因到激励因子"。新兴业务刚开始，财务指标不理想很正常，重要的是打造主播团队，激励因子是什么呢？最主要的肯定不是物质激励，而是工作本身的乐趣，以及工作带给主播的成长空间。复盘教练可以问团队负责人："格力的总裁要求'直播间不可以嘻嘻哈哈'，这是一种直播间文化；东方甄选俞敏洪打造的是彻底开放探索的直播间文化。相比这两个典型案例，我们的直播间期望打造怎样的文化氛围？能怎样激励主播们？"

这两个问题问到位了，团队负责人想明白了，做到位了，最后的好结果就水到渠成了。

后记　人人都是复盘教练

孔子曾经说，人生的一种境界叫"从心所欲，不逾矩"。我一直不明白，人怎么可能做到随心所欲又不坏规矩呢？成为复盘教练之后，我突然明白了，复盘教练的两个成长阶段就是从"手中有剑，心中无剑"到"心中有剑，手中无剑"的过程。一开始，僵化、固化地学习复盘工具的结构化流程、套路，熟练了之后就清楚流程的背后是人性，关键是通过流程让人们发现自己思维和工作中的盲点与误区，这是心法。这样人们就不会执着于流程，而是灵活应用，顺势而为。这种游刃有余的状态也许就是"从心所欲，不逾矩"吧。用积极心理学来解读的话，这就是《心流》作者米哈里·契克森米哈赖所说的心流状态。

人人都是复盘教练。期待每位复盘教练都能学会复盘工具，用复盘帮助自己和团队成长，进入心流的幸福状态，成为人生赢家。

参考文献

[1] 安德斯·艾利克森,罗伯特·普尔.刻意练习:如何从新手到大师[M].王正林,译.北京:机械工业出版社,2016.

[2] 艾·里斯,杰克·特劳特.定位[M].邓德隆,火华强,译.北京:机械工业出版社,2010.

[3] 彼得·圣吉,奥托·夏莫,约瑟夫·贾沃斯基,等.第五项修炼·心灵篇[M].张成林,译.北京:中信出版社,2010.

[4] 奥托·夏莫,邱昭良.U型理论[M].王庆娟,译.北京:中国人民大学出版社,2011.

[5] 埃德加·沙因.组织文化与领导力[M].马红宇,王斌,译.北京:中国人民大学出版社,2011.

[6] 马歇尔·卢森堡.非暴力沟通[M].阮胤华,译.北京:华夏出版社,2018.

[7] 彼得·德鲁克.卓有成效的管理者[M].宋强,译.北京:机械工业出版社,2020.

反侵权盗版声明

电子工业出版社依法对本作品享有专有出版权。任何未经权利人书面许可，复制、销售或通过信息网络传播本作品的行为；歪曲、篡改、剽窃本作品的行为，均违反《中华人民共和国著作权法》，其行为人应承担相应的民事责任和行政责任，构成犯罪的，将被依法追究刑事责任。

为了维护市场秩序，保护权利人的合法权益，我社将依法查处和打击侵权盗版的单位和个人。欢迎社会各界人士积极举报侵权盗版行为，本社将奖励举报有功人员，并保证举报人的信息不被泄露。

举报电话：（010）88254396；（010）88258888
传　　真：（010）88254397
E-mail：　dbqq@phei.com.cn
通信地址：北京市万寿路173信箱
　　　　　电子工业出版社总编办公室
邮　　编：100036